Urs Weisskopf

Kopfsache

Kopfsache

*Gedanken eines gläubigen Ungläubigen
über Gott und Glauben*

Urs Weisskopf

Bibliografische Information der Deutschen Nationalbibliothek: Die Deutsche Nationalbibliothek verzeichnet diese Publikation in der Deutschen Nationalbibliografie; detaillierte bibliografische Daten sind im Internet über http://dnb.dnb.de abrufbar.

Lektorat und Korrektorat: Lilian Auinger
Beratung: Cameron Emilie Weisskopf
Cover Design: Lilian Auinger

Verlag: BoD · Books on Demand GmbH, Überseering 33, 22297 Hamburg, bod@bod.de
Druck: Libri Plureos GmbH, Friedensallee 273
22763 Hamburg

ISBN: 978-3-7693-6887-1

Ich widme dieses Buch meiner Frau
Audya Audrey Babes Weisskopf-Pinaria
(*17.10.1970 - †02.07.2021)

Mit ihrem starken Glauben an Gott liess sie ihre schwere
Krankheit oft wie eine Nebensache aussehen.

Audrey, vor Weihnachten 2020

Inhaltsverzeichnis

Zum besseren Verständnis 9
Die Erklärung für Alles 19
   Eine höhere Macht muss ans Werk 21
   Was ist danach? 45
   Für immer und ewig 59
Glauben ist allgegenwärtig 71
   Evolution 73
   Die Hoffnung stirbt zuletzt 79
   Placebo, oder...? 93
   Aberglaube 97
   Muss es der Jakobsweg sein? 107
   Membership 113
   Convenience vom Regal 125
Ordnung muss sein 129
   Warum folgen wir? 131
   Bücher der Gesetze 139
   Die Kirche, Hassliebe oder Segen? 151
   Wegen der (fehlenden) Selbstdisziplin 157
   Der grosse Bruder 163
   Es gibt nichts, was es nicht gibt! 167
Querbeet: 173
   «Selbst ist der Mann»... und die Frau! 175
   «Wissen ist Macht» 181
   Ist Glauben an Gott nun Realität? 185
   Die Rolle Gottes in der Zukunft? 189
Alles klar? 201
   Zum Autor 205

Zum besseren Verständnis

Das Verlangen, ein Buch zu schreiben, wuchs in mir. Warum genau, weiss ich bis heute nicht. Ich kann jedoch sagen, dass ich weder einen speziellen Auslöser hatte, noch eine Antwort auf eine tiefgründige Frage suchte. Vielleicht brauchte ich eine neue Herausforderung. Vielleicht steckte ich in einer verspäteten «Midlife-Crisis[1]», verarbeitete den frühen Tod meiner Frau oder suchte lediglich nach einem Zeitvertreib oder einer Ablenkung. Oder ist es ein Ersatz für meine Abwesenheit in den sozialen Medien, während ich dennoch das Verlangen entdeckte, ein paar Gedanken mit meiner Mitwelt zu teilen? Ich weiss es wirklich (noch) nicht.

Es passt gut zum Konzept, dass ich seit etwa drei Jahren nicht mehr alles zu analysieren versuche, bevor ich etwas in meinem Privatleben unternehme. Nicht alles muss immer einen Grund haben, um es zu tun oder es zu lassen. Ich war lange genug geordnet, strukturiert und berechnend

---

1 Zu Deutsch «Krise in der Mitte des Lebens», ist eine psychische Krise, die als Zustand der Unsicherheit im Lebensabschnitt von etwa 40 bis 55 Jahren auftritt.

– vielleicht schon zu lange. Das heisst jedoch nicht unbedingt, dass ich das hoffentlich verbleibende letzte Viertel meines Lebens im Chaos verbringen möchte. Meine drei Kinder dürften bei dieser Aussage sicher ein wenig beruhigter sein.

Was mich und auch einige meiner Mitmenschen überraschte, war das gewählte Thema. Warum ein so komplexes, schwieriges und teils sensitives Thema wie Glauben, Religion, Gott und höhere Mächte und dazu noch die eigene Interpretation, und die Frage, wie andere Menschen damit umgehen könnten?

Als gelernter Koch, mit kulinarischen Erfahrungen in sieben Ländern und Genussreisen in etwa 40 weiteren, hätte man vielleicht eher ein (grossartiges) Kochbuch von mir erwartet. Irgendwie war ich davon aber nicht so ganz überzeugt und entschied mich, die Welt vorerst nicht mit einer weiteren Ansammlung von Gerichten und kulinarischen Philosophien zu überfluten. Dafür sind leider immer öfter inkompetente, selbsternannte Chefs zuständig, die sich super-gut vermarkten können und das Verlangen haben, den heutigen Convenience-Food-Hausfrauen zu erklären, dass Honig von Bienen stammt, die Kühe für die Milch zuständig sind und beides nicht vegan ist.

Ich hätte auch über die Erlebnisse berichten können, die ich beim Bekochen, Bewirten und Beherbergen von verschiedenen Königsfamilien, unzähligen Staatsoberhäuptern und VIPs[2] gemacht habe. Viele Anekdoten gäbe es zu erzählen. Aber vielleicht bin ich ein bisschen altmodisch (meine jüngste Tochter würde das «vielleicht» weglassen) und es Ehrensache ist, nicht freizügig über das private Leben dieser Menschen zu berichten. Die meisten stehen oder standen sowieso schon oft im Mittelpunkt sozialer Medien. Die Sensationsjournalisten sind für diese oft unnötige Berichterstattung zuständig und sind sich sicherlich bewusst, was sie dabei anstellen.

Ich finde, dass trotz der heutigen sozialen Vernetzung auch VIPs selbst entscheiden dürfen sollten, ob die ganze Welt ihren Aufenthaltsort erfahren darf, was sie gerade mit wem tun und warum die Toilettenspülung nicht funktioniert. «Papparazzi» wäre ganz einfach der Titel eines Chartstürmers der Gaga-Dame[3], der keinen Sinn macht und - fertig Schluss. Und vielleicht wäre sogar Lady Di[4] noch am Leben. Aber solange sich die Hausfrauen interessieren, wie viel Abfall Jamie und Tim[5] heute in der Küche produzieren und wieviel schmutziges Geschirr dabei entsteht, wollen die sicher auch wissen mit wem sie letzte Nacht geschlafen haben. Wie gesagt: «not my cup of tea[6]». Oder altmodisch? Ja, ich glaube noch an ungeschriebene Werte, die nicht

---

2 Very Important People: «Eine Person, der aufgrund ihres sozialen Status besondere Privilegien oder eine besondere Bedeutung beigemessen wird».
3 Gemeint ist selbstverständlich die Pop-Ikone und Schauspielerin Lady Gaga, mit bürgerlichem Namen Stefani Joanne Angelina Germanotta (*1986).
4 Lady Diana, Princess of Wales (*1961; †1997), kam bei einem Autounfall, auf der Flucht von Paparazzi, in Paris ums Leben.
5 James Trevor Oliver (*1975) und Tim Mälzer (*1971): Für mich beides keine Vorbilder der Koch-Gilde.
6 Umgangssprachlich «nicht mein Geschmack».

Gesetz sind und ganz einfach auf menschlichem Verstand und Moral beruhen. Basierend auf dem im Internet Gesehenen, etwas, dass im 21. Jahrhundert anscheinend unvorstellbar wird!

Bis zum heutigen Tage durfte ich ein privilegiertes Leben führen und hatte das Glück, vor allem auf dem asiatischen Kontinent viel zu reisen und ich dabei das Gefühl von Heimweh nie kannte. Nicht zuletzt dank dem grossartigen Beruf, den ich erlernt hatte, standen mir am Ende des letzten Jahrhunderts viele Türen in Richtung Osten offen. Dabei war mir bewusst, dass ich als ausländischer Experte von meinem Arbeitgeber engagiert wurde und professionell arbeiten musste. Daher sahen es die Arbeitgeber und Vorgesetzten oft nicht gerne, wenn sich sogenannte Expatriates[7] zu sehr den lokalen Gegebenheiten annahmen. Auf der anderen Seite tendierte ich trotzdem eher dazu von den lokalen Mitmenschen und Arbeitskollegen und -kolleginnen dazuzulernen. Es war für mich immer sehr wichtig, dass ich mein Umfeld verstand, mich dabei entsprechend einlebte und wohlfühlte. Die Kulturen, aber auch die Geschichte und Geografie der Länder, in denen ich mich aufhielt, waren mir darum immer sehr wichtig. Dazu gehörten die verschiedenen Religionen und Glaubensrichtungen, diese zu verstehen, zu akzeptieren und dadurch kennen zu lernen und verstehen zu können. Der oft unendliche Drang, mein Wissen kontinuierlich zu erweitern,

---

[7] Eine Person, die ohne Einbürgerung in einem ihr fremden Land oder einer ihr fremden Kultur lebt.

war in diesem Fall sicherlich eine willkommene Hilfe. Als Resultat durfte ich intensive Erlebnisse erfahren und war nicht nur Zuschauer und Konsument einer an mir vorüberziehender Welt, ich war meistens mittendrin und Teil davon. Yippy Ay Yeah![8] Audrey begriff nie wirklich, warum ich in Asien nicht in der Shoppingmall[9] zum Friseur gehen wollte, sondern zum Strassen-Friseur ging, um meine spärliche Haarpracht schneiden zu lassen. Meiner Meinung nach findet das wirkliche, echte Leben nicht in einer künstlich aufgebauten Welt der Wegwerfgesellschaft statt, die dem Homo Sapiens[10] vorgibt, was er «liken» sollte, sondern im Dorfladen, beim Bauern, beim Handwerker. Mit dem stetigen Drang immer wieder Neues zu entdecken, hatte ich auch oft das Vergnügen interessante Menschen kennen zu lernen. In den meisten Fällen verliehen mir diese Personen ein sehr positives Bild unseres Daseins. Die Religion und der Glaube dieser Menschen war dabei ein konstanter Begleiter.

Als ich mit 25 Lenzen meine erste Auslandstelle in China als Souschef antrat, war ich mir noch nicht sicher, woran ich glauben sollte, und versuchte für mich das «Richtige» zu finden. Im Herbst 1989, als ich in Peking arbeitete, durfte ich mit einer kleinen Gruppe nach Tibet reisen. Es war mir bewusst, dass dies ein einmaliges Erlebnis wird und nahm auch an, dass es wahrscheinlich ein (Achtung Wortspielerei) einmal-iges Ereignis bleiben

---

8 «Hurra», Ausruf von Begeisterung, üblich im Westen der USA.
9 Grosses Einkaufszentrum.
10 Rassenbestimmung für den heutigen Menschen / Moderner Mensch.

würde. Da ich dieses bevorstehende Erlebnis in vollen Zügen geniessen wollte, hatte ich mich auch entsprechend vorbereitet. Gemäss Reiseprogramm war es vorgesehen verschiedene buddhistische Stätte, wie der Potala-Palast[11] und aktive Klöster zu besuchen. So war bei diesen Vorbereitungen auch eine Lektüre dabei, die den Buddhismus ausführlich beschrieb. Im Nachhinein war ich sehr froh, dass ich mich über den Buddhismus informiert hatte, da Tibet[12] und der Buddhismus nach dieser einwöchigen Reise für mich untrennbar waren. Was damals für mich neu war und mich überraschte, war, dass Religion, Lebensphilosophie, Alltag, Politik und Kultur kaum voneinander zu trennen waren. Das ganze Drum und Dran des Lebens war sozusagen miteinander verknüpft. Die damals in meinem Umfeld typischerweise propagierte Trennung von Religion, Politik, Arbeit und Freizeit konnte ich nicht erkennen. In Tibet wurde das Leben als holistisch Ganzes, gelebt. Fortan umfasste mein Leben auch diese miteinander verbundenen Komponente, Religion jedoch ausgenommen.

Kurz nach dem beeindruckenden Erlebnis in Tibet ging ich als Küchenchef nach Malaysia, wo ich zum ersten Mal intensiver mit dem Islam in Berührung kam. Ich interessierte mich auch für diese Religion und wollte mehr darüber erfahren. Unter den verschiedenen Lektüren befand sich auch eine englische Version des Korans, den ich von A

---

11 Bis 1959 die Residenz des Dalai Lama, seine Heiligkeit des tibetischen Buddhismus.
12 Genau genommen, eine autonome Region von China.

bis Z durchlas. Obwohl ich in einem liberal-christlichen Umfeld aufwuchs, realisierte ich damals auch, dass ich die Bibel als Buch nicht wirklich kannte und versuchte, dies nachzuholen. So las ich auch die Bibel wie eine Fachlektüre, was natürlich nicht unbedingt richtig sein muss, von der ersten bis zur letzten Seite. Ich wollte herausfinden, was die Unterschiede der verschiedenen Religionen sind - vielleicht war da ja etwas für mich dabei. Long Story short[13]: Die darauffolgenden Bücher über das Thema Religion gaben mir aber auch nicht die zufriedenstellenden Antworten zu meinen offenen Fragen. Wahrscheinlich kam mir dabei auch mein ausgeprägt abstraktes und analytisches Denken in die Quere.

Während eines späteren Abschnittes meines Lebens traf ich dann auf die Theorien der Herren Einstein[14] und Hawking[15]. Die Antworten dieser Physiker sprachen mich persönlich eher an und beantworteten meine offenen Fragen sachlich und faktisch. Ich gelangte zur Überzeugung, dass der Urknall die schlüssigste Erklärung für die Entstehung des Universums und unserer Erde ist. Dabei schloss ich die Existenz eines Gottes aus.

Ich wurde reifer, lernte mich besser kennen und fand, dass etwas Grosses zu hinterfragen gar nicht so schlimm sein muss. Und so war ich an einem Punkt angekommen, an

---

13 Zu Deutsch: Zusammengefasst.
14 Albert Einstein (*1879; †1955) war einer der bedeutendsten Physiker der Wissenschaftsgeschichte und Wissenschaftler der Neuzeit.
15 Stephen William Hawking (*1942; †2018) war ein britischer theoretischer Physiker und Astrophysiker.

dem ich mich wohl fühle, offen über meine Überlegungen zum Glauben zu sprechen. Seit einiger Zeit finde ich auch, dass es sich in den meisten Fällen mit ein wenig Humor und Ironie einfacher und besser leben lässt. Ich hoffe, dass es mir in diesem Buch gelungen ist, dies zu reflektieren, damit das Lesen auch Spass macht und keine Tortur wird.

Es war nie meine Absicht oder das Ziel eine strukturierte Analyse einer oder verschiedener Weltreligionen oder sonstige Glaubensrichtungen zu schreiben. Im Gegenteil, für mich untypisch, versuchte ich, ganz einfach und hoffentlich verständlich, frisch von der Leber über das Bild zu plaudern, das ich mir über Gott und die Welt gemacht habe. Obwohl ich viel über die verschiedenen Themen gelesen habe, habe ich keine detaillierten Recherchen betrieben, um etwas zu beweisen oder zu belegen, und wollte ganz einfach nur meine Gedanken loswerden. Gedanken, angespornt und inspiriert von Erlebnissen, Begegnungen und Erfahrungen, die ich machen durfte, und von verschiedenen Lektüren, die ich über die Jahre gelesen haben. Deshalb ist das, was in diesem Buch nun folgt, meine Meinung über den Glauben, so wie ich es heute sehe. Ich bin kein absoluter Verfechter dessen, was ich hier niedergeschrieben habe, bin weiterhin lernfähig und möchte einfach den einen oder anderen Leser zum Nachdenken anregen – auch solche mit anderen oder abweichenden Meinungen, die ich selbstverständlich weiterhin respektiere. Zudem will ich auch keinem Theologen, Imam, Rabbiner, Mönchen oder sonstigen

Glaubenswissenden zu nahetreten. Für mich sind sie weiterhin die Fachleute ihrer spezifischen Religionen und ihres Glaubens.

Ich denke, dass jeder Mensch an irgendetwas glaubt. Bei Gesprächen, die religiösen Charakter hatten, begegneten mir auch schon Menschen, die angaben, an «nichts» zu glauben. Diese Antwort konnte aber fast immer spezifisch als «Ich glaube nicht an Gott» interpretiert werden. Also hatten sich diese Personen auch mit dem Glauben beschäftigt und kamen zu anderen Schlussfolgerungen als Christen, Muslime, Juden, Hindus, Buddhisten – um nur einige zu nennen.

Während ich im privaten und beruflichen Leben nicht immer tolerant gegenüber anderen Meinungen war, zeigte ich gerade bei abweichenden religiösen Meinungen stets grosse Toleranz. Ich glaube grundlegend an das Gute und muss vom Gegenteil überzeugt werden, sollte dies einmal nicht der Fall sein. Das heisst, dass ich auch gelernt habe mit Enttäuschungen umzugehen. Ich habe aber erleben dürfen, dass das Erfreuliche diese Enttäuschungen immer um ein Mehrfaches überwogen hatte.

Audrey konnte bedingungslos das Konzept eines Gottes und seines Sohnes annehmen, ziemlich genau so, wie es in der Bibel beschrieben ist und von der Kirche kommuniziert und gepredigt wird. Dieses Konzept half ihr, Kraft und Energie zu schöpfen, als es darum ging ihre

Krebserkrankung zu ertragen. Sie wusste genau, wo sich die Antworten für ihre wichtigen, noch offenen Fragen befanden. Nach knapp drei Jahren verlor sie den Kampf gegen den unheilbaren Krebs... hat sie wirklich? Sie wusste, wohin sie nach dem Tod gehen würde, und hatte eine ungefähre Ahnung, wer und was auf sie warten würde. Während es für sie ein Weiter oder Danach gab, wird der Tod für mich die Endstation sein. Dieser Unterschied in unseren Überzeugungen brachte mich dazu, mich intensiver mit dem Glauben und Gott auseinanderzusetzen.

In den folgenden Kapiteln wird es jedoch nicht darum gehen, die Pros und Kontras an ein Glauben oder Nicht-Glauben an Gott abzuwägen und zu evaluieren. Ich bin mir bewusst, dass meine faktische, direkte Art und mein Hang zu Sarkasmus da nicht immer hilfreich sein werden. Ich erwähne dies, da ich nicht als Gotteslästerer abgestempelt werden möchte. Im Gegenteil: Ich möchte eigentlich aufzeigen, dass Gott prinzipiell ein gutes Konzept ist und der Glaube an Gott eine ganz gute Sache sein kann.

Die Erklärung für Alles

Eine höhere Macht muss ans Werk

Dass Gott die Welt nicht in sechs Tagen erschaffen hatte, war mir bereits während der Schulzeit bewusst. Im damals obligatorischen Religionsunterricht – wohlgemerkt evangelisch-reformiert, wie es sich im Berner Oberland für die meisten Familien gehörte – wurde uns die Schöpfungsgeschichte metaphorisch dargelegt. Schon als zehnjähriger Schüler war ich mit dieser Darlegung nicht zufrieden. Vor allem, wenn ich als Antwort auf jegliche Fragen lediglich ein «Das wurde nun Mal so niedergeschrieben» oder «Das Wort Gottes wird prinzipiell nicht hinterfragt» erhielt. Wie ich später erfahren durfte, hatte die Bibel, wenn sie fachmännisch und mit Enthusiasmus interpretiert wurde, durchaus auf viele Fragen eine Antwort. Antworten, die mich jedoch selten zufriedenstellten. Als Kind hatte ich aber – wie viele meiner damaligen Altersgenossen – andere Prioritäten und kümmerte mich nicht weiter darum.

Auch als Teenager hinterfragte ich das Konzept der Bibel nicht ernsthaft und erfüllte die Erwartungen, die an mich als moderner und liberalen Christen gestellt wurden. Durch gelegentliche Kirchenbesuche, die Konfirmation und die Teilnahme am Abendmahl hatte ich den Stempel «Guter Christ» aufgedrückt bekommen. Mein Umfeld war glücklich und ich hatte kein Problem damit, zum Kreis der Christen zu gehören. Erst Jahre später setzte ich dort fort, wo ich vor meiner Jugendzeit aufgehört hatte. Ich begann damit, mich mit plausibleren Erklärungen über das Woher und Warum zu beschäftigen.

Während meiner Anstellung in China Ende der 1980er Jahre, wollte ich mein Allgemeinwissen über dieses faszinierende Land und dessen Geschichte vergrössern. Dabei stolperte ich literarisch über den Peking-Menschen,[16] von dem eigentlich nur wenige Knochen gefunden wurden, die einem Homo erectus[17] zugeordnet werden konnten. In

der Schule lernte ich im Geschichtsunterricht den Neandertaler[18] kennen, und der Begriff Homo Sapiens war mir damals auch nicht unbekannt. Irgendwie interessierte mich dieser Mensch, der etwa vor einer halben Millionen Jahren lebte. Die Evolutionstheorie liess mich seitdem nicht mehr los.

Büste des Peking Menschen, ausgestellt im Museum in Zhoukoudian

---

16 Fossilienfunde von Davidson Black im Jahre 1927 führten zur Gattungsbezeichnung Sinanthropus Pekinensis. Der Peking Mensch lebte ungefähr vor 400'000 bis 600'000 Jahren, ist aber kein direkter Vorfahre der heutigen Menschen.
17 Aufrecht gehender Mensch. Die heutigen Menschen sind alles Homo Sapiens.
18 Ausgestorbener Verwandter des Homo Sapiens mit gemeinsamen afrikanischen Vorfahren. Er entwickelte sich parallel zum Homo Sapiens aus, vor allem in Europa.

Aus meiner Sicht ist die Evolution etwas, das im Monotheismus[19] fast vollständig ignoriert wird. Oder habe ich da irgendetwas nicht ganz mitgekriegt? Es machte «Puff» – vielleicht sogar ohne Lärm oder Knall – und wir Menschen waren geboren, oder vielmehr erschaffen. Noch besser: Aus der Rippe des soeben erschaffenen Mannes wurde das weibliche Geschlecht «gezimmert». Die Evolutionstheorie spricht mich da schon deutlich mehr an. Als ich mich dann der Evolutionstheorie ein wenig genauer zuwandte, stellte ich zu meiner Überraschung fest, dass diese noch gar nicht so lange existierte. Bis vor etwa 200 Jahren glaubten die Menschen tatsächlich fest an Schöpfungsgeschichten, wie sie etwa in der Bibel beschrieben sind.

Eine Schöpfungsgeschichte, die ich zum Nachlesen empfehlen kann, ist diejenige der Maya: Die Götter haben entschieden, uns aus Maismehl zu formen. Während ich niemanden getroffen habe, der glaubt, dass Nachos unsere Verwandten sind, bin ich vielen Menschen begegnet, die selbst im Zeitalter von Facebook, Instagram und X noch fest an die biblische Schöpfungsgeschichte glauben. Grossartig, wenn das für so viele Menschen auch heute noch passt. Aber warum ist dem so? Passt es uns, wenn Gott von ganz Anfang an, das Zepter in die Hand nimmt und einfach für alles Leben auf unserem Planeten verantwortlich ist? Wenn er ebenfalls das, was nach dem irdischen Leben kommen wird, in die Hand nehmen wird?

---

19 Der Glaube an nur einen einzigen Gott.

Schon Mal vorab: Prinzipiell nehme ich an, dass diese Idee einfach mehr Menschen anspricht, als die Idee von «Vorher gab es Dich ganz einfach nicht, und deshalb wirst Du auch danach nicht mehr existieren». Zu diesem Thema aber ein wenig später.

Ich bin kein Evolutionstheoretiker und möchte hier nicht zu sehr und waghalsig fachsimpeln, sondern meine einfachen Gedanken, basierend auf einem, hoffentlich noch gesunden Menschenverstand teilen. Die Evolutionstheorie besagt, dass Körperteile eines Wesens, die häufiger und auch spezifischer benutzt werden, sich weiterentwickeln. Dies kann beispielsweise durch Veränderungen in der Umwelt oder des Klimas verursacht werden. Solche Veränderungen geschehen immer mit dem Ziel, dass die betroffene Spezies mit den Anpassungen besser und länger überleben und sich erfolgreicher fortpflanzen kann. Diese Verbesserungen werden an die nächste Generation vererbt, die wiederum nach Partner sucht, die zu einem erfolgreichen Überleben beitragen können.

Aus unbekannten Gründen entwickelte sich beim Wesen, das später der moderne Mensch werden sollte, das Gehirn schneller und besser im Vergleich zu den Mitbewerbern und Mitbewerberinnen. Mit diesem «grösseren Rechenzentrum» konnte sich der Mensch gegenüber anderen Lebewesen einen Wettbewerbsvorteil verschaffen. Er verfügte nach nur ein paar Hunderttausend Jahren über die Kapazität, Hilfsmittel und Werkzeuge zu kreieren und zu entwickeln. Durch immer komplexere Gedankengänge wurde es nun möglich, spitzige Jagdgeräte und Schneidewerkzeuge zu schaffen, um damit grössere Beute zu erlegen und diese dann zu einer Mahlzeit zu verarbeiten. Ebenfalls konnte man sich durch das Anfertigen von Kleidung besser gegen die widrigen Einflüsse des Wetters schützen.

Es kam der Zeitpunkt, in dem das Gehirn nicht mehr ausschliesslich dazu diente, das Überleben durch Nahrungssicherung oder Konkurrenzkampf zu gewährleisten. Es konnte für höhere Zwecke eingesetzt werden. Die Kapazität des Gehirns erlaubte es dem Menschen irgendwann, Sprache zu entwickeln, Zeit für andere Überlegungen aufzubringen und diese auch in der Gruppe zu teilen.

Es ist denkbar, dass die Grundlagen für komplexe Sprache bereits vor etwa 70'000 Jahren existierten. Auch andere, inzwischen ausgestorbene Menschenarten entwickelten vermutlich eine Art von Sprache. Ich bin überzeugt, dass Glaube, Kultur, Politik und Soziales seit der Entstehung der verbalen Kommunikation untrennbar miteinander verwoben sind. Genauso wie sich vor langer Zeit eine neue Gattung vom Menschenaffen abzweigte und sich zum heutigen modernen Menschen entwickelte, entwickelte sich auch die Kapazität des Gehirns weiter und die Bandweite dessen, was man damit anstellen konnte.

Es ist nicht auszuschliessen, dass sich so auch ein Glaube an etwas Übermächtiges entwickelt hat. Ich benutze absichtlich das Wort «übermächtig» anstelle des Wortes «Gott», da angenommen wird, dass bei den ersten Religionen eher die Natur und die Umgebung, in der man sich bewegte, verehrt wurde. Dem Wald wurde dafür gedankt, dass er schmackhafte Früchte bot und die Möglichkeit eröffnete, ein Tier zu erledigen. Die Maya hatten bis vor 1'000 Jahren ja auch einen Mais-Gott als wichtigsten Gott. Kein Zufall: Nicht nur waren wir Menschen angeblich aus Maismehl geformt worden, Mais war auch das wichtigste Nahrungsmittel dieses Volkes.

Wie bereits erwähnt, war die Entwicklung der Sprache eine Voraussetzung für die Entstehung verschiedener Religionen und Lebensphilosophien. Die Sprache ermöglichte uns vieles und unterschied uns letztendlich von anderen Lebewesen. Man kann sich also kaum vorstellen, wie es dem ersten Menschen erging, der vor zigtausend Jahren irgendwo in einer Höhle oder einem Unterschlupf sass und sich nach dem Sinn des Lebens fragte oder versuchte, eine Erklärung für das ganze Drumherum zu finden. Wann genau dies war, wird wohl immer ein Geheimnis bleiben – und finde das ganz gut so. Für diesen Menschen muss es schrecklich einsam gewesen sein, denn er oder sie hatte niemanden, an der oder sie sich wenden konnte, um Antworten auf die vielen Fragen zu finden.

Archäologische Funde aus der Steinzeit deuten darauf hin, dass bereits vor etwa 70'000 Jahre zeremonielle Bestattungen stattfanden. Ob diese Praktiken mit einer Religion gleichgesetzt werden können oder ob es sich eher um andere rituelle Handlungen handelte, sei dahingestellt. Es könnte aber darauf hindeuten, dass sich der Mensch schon sehr früh über die Sterblichkeit, dem Danach oder auch der Verehrung der Davongegangenen Gedanken gemacht hat. Es ist, so glaube ich, kein Zufall, dass die Zeit, auf welche diese Entdeckungen zurückzuführen sind, mit jener vom Beginn der Sprache identisch ist.

Eine (klare) Verständigung während der Steinzeit ist somit wahrscheinlich. Dies ermöglichte es den Menschen, komplexere soziale Strukturen aufzubauen und sich gemeinsamen Fragen zu widmen. Fragen nach dem Urspruch des Lebens, dem Sinn des Daseins und der Natur. Wer oder was hatte die Welt erschaffen? Wer zum Beispiel war verantwortlich für die ursprüngliche «Landschaftsgestaltung»? Auch die Frage, von woher wir kommen, und was nach meinem Tod passiert, musste adressiert werden. Wie sind wir hierhergekommen, warum sind wir hier, wo fängt Alles an und wo hört es auf? Was ist das für eine lichtspendende Kugel am Himmel? Wer ist für dies alles verantwortlich? Fragen über Fragen. Die ersten Menschen, die sich diese Fragen stellten, hatten niemanden, den sie um Rat fragen konnten - keine Mutter, keinen Religionslehrer, keinen Astrophysiker, keinen Nachbarn. Da diese Fragen alle zum ersten Mal auftauchten, mussten die

Antworten selbst gefunden oder erfunden werden. Keine einfache Aufgabe, wie ich mir vorstelle.

Eine Theorie musste zurechtgelegt werden, die allgemein befriedigend und, wahrscheinlich schon damals, mehrheitsfähig war. Mit der Vorstellung eines übermenschlichen, höheren, übermächtigen Etwas, konnten viele komplexe Fragen beantwortet werden. Man machte einfach dieses erfundene Fantasie-Irgendetwas für alles Unerklärbare verantwortlich. Oder vielleicht diente schon damals ein Team von Übermächtigen, sprich mehrere Götter, als Allzwecklösung für alle Fragen. Warum gibt es Berge und Seen? Warum gibt es Tag und Nacht? Warum gibt es Unwetter?

Ähnlich wie bei uns im Religionsunterricht der 70er Jahre, als der Pfarrer mit Gott und der Bibel für jede Frage eine Erklärung bereit hatte, so dienten die Götter den Menschen der Vergangenheit als ultimative Erklärungsquellen. Die erste Anlaufstelle die den Namen «one-stop solution»[20] wirklich verdiente. Blitz, Donner, Naturphänomene, plötzlicher Tod, eine nicht erfolgreiche Jagd, der Gedankenblitz, der zu einer Verbesserung eines Werkzeuges oder der Bekleidung führte – alles konnte mit der Präsenz solcher übermenschlichen Kräfte erklärt werden.

---

20 Alle Schritte die zum Zieles führen, an einer einzigen Stelle durchzuführen.

Vor der landwirtschaftlichen Revolution hing das tägliche Überleben der damaligen Erdenbewohner fest von der unmittelbaren Umgebung ab. Wie schon erwähnt, darf deshalb angenommen werden, dass der Mensch damals die Natur, Flora und Fauna, verehrte und entsprechend wertschätzte. Um auf den schon erwähnten Mais-Gott der Maya zurückzukommen: Dieser wurde mit Opfergaben gnädig gestimmt, damit die nächste Ernte ausgiebig wird und die Grundlage der Zivilisation so gewährleistet blieb.

Die Suche nach dem Übergrossen fand daher anfangs wahrscheinlich eher im Draussen statt. Wie schon erwähnt, stammen die ältesten Grabstätten, die bis dato gefunden wurden, und ein plausibles Datum für die Entwicklung der Sprache aus einer ähnlichen Zeitspanne. Darf man somit annehmen, dass schon ganz zu Beginn der verbalen Kommunikation die ersten Versuche unternommen wurden, eine Erklärung für das damals wohl Unerklärliche zu finden? Dem Tod wurde auf jeden Fall mit der Kreation der Sprache eine andere Bedeutung zugeordnet. Der Tod war plötzlich etwas Spezielles und die Toten wurden anders gewürdigt, verabschiedet und wahrscheinlich auch in Ehren gehalten.

Psychologen haben herausgefunden, dass moderne Menschen bei Fragen, für die es keine Antworten gibt, Wahrscheinlichkeiten entwickeln. Unser Gehirn ermöglicht es uns – als einzigem Organismus auf unserem Planeten – diese Wahrscheinlichkeiten vorzustellen. Zudem können wir Signale deuten und an unsere Erklärungen glauben. All dies trägt dazu bei, dass Wirklichkeit und Vorstellung oft nicht mehr zu trennen sind und die Wahrscheinlichkeit Teil der Wirklichkeit werden kann. Es gibt keine Gründe anzunehmen, dass die Gehirnfunktionen unsere Vorfahren wesentlich anders gestrickt waren als unsere heute.

Mit der Annahme höherer Mächte in unserem neu konstruierten Weltbild gaben die Menschen jedoch vieles aus der Hand. Diese höheren Mächte – beispielsweise bei den Maya – mussten unbedingt gnädig gestimmt werden. Archäologische Funde und historische Aufzeichnungen belegen, dass dies in einigen Zivilisationen mit grosser Hingabe geschah.

Kurz aber nochmals ein paar 10'000 Jahre zurück: Diese höheren Mächte zu verstehen, mit diesen zu kommunizieren und diese auch günstig zu stimmen, dürfte für unserer Vorfahren hohe Priorität gehabt haben. Mit der Entwicklung der Sprache ist anzunehmen, dass eine Koordination der Aufgabenverteilung innerhalb der Lebensgemeinschaften besser und klarer wurde. Ich kann mir gut vorstellen, dass diese wichtige Aufgabe der Gottesehrung einer Respektperson innerhalb der Gruppe aufgetragen wurde.

Um die Nachricht an den Rest der Gruppe mit Nachdruck zu vermitteln, konnte dies nur durch eine glaubwürdige Person geschehen – einen geistlichen Führer. Ohne die vorgegebenen Bilderwelten von Hollywood,

Hogwarts[21] oder Playstation wurde damals der Fantasie sicherlich freien Lauf gelassen und die nötige Dramaturgie in das ganze Zeremonielle eingebaut. Mit grossem Tam-Tam konnte dieser geistliche Führer unterstreichen, dass es wichtig ist, sich diesem höheren Etwas unterzuordnen und es zu verehren. Eine Interpretation des Erfolges oder Misserfolgs war durch den Geistlichen ja immer irgendwie möglich.

Für das gemeine Volk gab es bald keine anderen Erklärungen als jene, die einem vom Geistlichen und Wissenden vermittelt wurden. Man schenkte ihnen Glauben und akzeptierte die Bedeutung der Zeremonien. Schon war eine Religion, ein «An-etwas-Glauben» kreiert. Wann genau, und ob dies tatsächlich so stattfand, ist ungewiss. Auch die Höhlenbemalungen aus diesen Zeitabschnitten, erlauben keine eindeutigen Schlussfolgerung und werden immer noch sehr vielseitig interpretiert.

Es steht aber nachweislich fest, dass Rituale schon vor 13'000 Jahren stattfanden, also noch vor der landwirtschaftlichen Revolution – und somit noch vor der Zeit, als sich unsere Vorfahren mehrheitlich, mit mehr oder weniger Erfolg, nachhaltig niederliessen.

Wahrscheinlich gab es damals – ich spreche nach wie vor von unseren Vorfahren – das Konzept eines Hobbies noch

---

21 Die Hogwarts-Schule für Hexerei und Zauberei (Hogwarts School of Witchcraft and Wizardry) ist Hauptschauplatz der Harry Potter Romane und Filme.

nicht. Somit konnte man sich intensiver mit der Verehrung höherer Mächte oder des Allmächtigen abgeben. Da diese Gottheiten das Leben und alles danach beeinflussten, regelten oder bestimmten, wurden die Prioritäten entsprechend festgelegt. Man verschwendete keine Zeit, sich den Göttern oder deren Vorfahren für ein gutes Leben und auch jenes danach zu empfehlen.

Zu einer Zeit ohne Space-Programm, Hubble-Teleskop und Netflix hätte mir diese Einfachheit, so glaube ich, auch zugesagt. Heute haben wir aber einen Wissenstand, der eigentlich – so könnte man meinen – keine wirklichen fundamentalen Fragen nach Was, Wie, Wo, Wie lange, Wer, etc., offenlässt. In der Zwischenzeit ist es in der Wissenschaft nämlich gelungen, die Entstehung des Universums, unseres Sonnensystems, der Erde und dessen Leben einigermassen sachlich und glaubwürdig zu erklären.

Warum benötigen wir dann im 21. Jahrhundert – wohlverstanden in der Zeitrechnung nach Christus – immer noch eine höhere Macht, sprich Gott? Eine mögliche Antwort wäre, dass viele unserer Erdenbewohner und Erdenbewohnerinnen immer noch keinen Zugang zu diesem Wissen haben und es aus verschiedenen Gründen wohl nicht über Nacht erlangen werden. Diese Menschen verlassen sich auf die gebildeten Medizinmänner, Priester, Imame, Schamanen – wie immer diese auch heissen mögen – denn dies hat über Tausende von Jahren recht gut funktioniert.

Ich denke aber eher, dass die Erklärungen der heutigen Wissenschaftler und Wissenschaftlerinnen über die Entstehung des Universums, unserer Erde und der Evolution ebenfalls ein Ende dieses Zustandes bedeuten. Im Gegensatz zu dem, was die meisten Religionen anbieten, berichten die Wissenschaften ganz klar von einem Ende der Erde und der Sonne, so wie wir sie heute kennen. Und nach dem Tod gibt es auch keinen Himmel und kein Danach für unsere Seelen, die es gemäss Wissenschaft ebenfalls nicht gibt.

Im Gegensatz zum Paradies und der Ewigkeit, wie sie in der Bibel proklamiert werden, bieten die modernen Wissenschaften keine vergleichbaren attraktive Alternativen. Viele Menschen möchten in den Himmel kommen, ein Weiterleben nach dem Ableben erfahren, ihr Leben durch Beten positiv beeinflussen und an einen Gott glauben.

Hier eine erlebte Geschichte, die aufzeigen soll, wie der Glaube an eine höhere Macht auch heute noch ganz gut funktioniert. Anfangs der 1990er Jahre, auf einer Insel in Malaysia, wurde mir klar gemacht, dass man das Wetter beeinflussen kann. Ich arbeitete damals als Küchenchef in einem grossen Beach Resort, welches während der Hochsaison bis zu 1'000 Gäste beherbergen konnte.

Eines Tages wurde ein wichtiger Anlass geplant, der am Abend mit einem Grill-Buffet beim Swimming-Pool seinen Höhepunkt finden sollte. Sachlich erkundigte ich mich nach einer Alternative oder einem gedeckten Ort für das Buffet, falls es regnen sollte. Meine Frage wurde jedoch selbstbewusst mit «everything under control[22]» beantwortet. Einen alternativen überdachten Ort gab es tatsächlich nicht, und ein Zelt, um sich vor dem Regen zu schützen – schliesslich befanden wir uns in den Tropen – wurde ebenfalls nicht gemietet.

Ich fand heraus, dass «under control» bedeutete, die Durchführung des Anlasses - in der Hoffnung auf trockenes Wetter – dem Dorfmagiers zu überlassen. Besser gesagt, die Kontrolle bestand darin, «die Wolken umzuleiten und es an einem anderen Ort regnen zu lassen». Wow. Mein erster Gedanke war, dass jemand wohl ein komisches Kraut geraucht oder sich zu viele billig-budget-Filme angeschaut hatte.

Der Bomoh oder Pawang, wie der Magier genannt wurde, wurde tatsächlich angeheuert, um die Wolken umzuleiten, damit der Anlass am Pool im trockenen bleibt. Er tat dies, indem er an eine höhere Macht appellierte, mit der er anscheinend bereits für andere Anliegen kommuniziert hatte. Motiviert wurde er durch eine Spende des Veranstalters an die örtliche Moschee.

In den fast drei Jahren meiner Anstellung auf dieser Insel wurden noch weitere Anlässe dieser Art durchgeführt.

---

[22] Englisch für «Alles unter Kontrolle».

Dem Bomoh ging die Arbeit nicht aus. Leider habe ich nie Buch über die Erfolgsquote des Dorfmagiers geführt. Kombiniert mit der eigentlichen Wettervorhersage, hätte man wohl ein statistisch belegbares Resultat des Erfolges oder Misserfolges generieren können.

Ich erinnere mich jedoch, dass trotz seiner Bemühungen, die Wolken umzuleiten, es den einen oder andern Anlass trotzdem verregnete. Für mich war das damals eine Katastrophe – die Einheimischen nahmen es jedoch viel gelassener und meinten, den Bomoh treffe keine Schuld. Der Wille Gottes, dass es an diesem Tag auf der Insel regnen sollte, sei einfach zu gross gewesen. Und Gott ist der Allmächtige – wenn der nicht will...

Anscheinend war auch der Dorfmagier nur ein Mensch. Doch diese kleine, wahre Anekdote zeigt eindrücklich, dass die Ehrfurcht vor höheren Mächten nach wie vor bedingungslos existiert und wir diese mit der entsprechenden Hingabe anscheinend sogar beeinflussen können. Und das, obwohl wir mithilfe von Satelliten das Wetter recht gut voraussagen können.

Hier kommt das erste Mal eine Aussage, die sich wie ein roter Faden durchs Buch ziehen wird: Ob wir es schlussendlich glauben wollen oder nicht – Glauben geschieht im Kopf eines jedem Individuums. An eine höhere Macht zu glauben, passiert nur, wenn unser Kopf dies auch zulässt.

Die berühmte Aussage «In Shah Allah» hatte ich in den insgesamt 20 Jahren, in denen ich mich im islamischen Glaubensraum aufhielt, oft auch von verschiedensten, gebildeten Leuten gehört. Sie bedeutet noch immer «wenn Gott willig», «so Gott will». Ich gewann jedoch zunehmend den Eindruck, dass mein Gegenüber mit diesen wenigen Worten eigentlich jegliche Verantwortung für praktisch alles delegieren konnte. Die Entschuldigung für das Nichterfüllen getroffener Vereinbarungen mit mir oder jemandem anderem war schon vorbereitet. «Wir treffen uns morgen um 09:00 Uhr im Restaurant, um das weitere Vorgehen zu besprechen, In Shah Allah», war die Antwort auf meine Terminanfrage. Ob die Person pünktlich erscheinen würde oder nicht, lag nun nicht mehr in ihren Händen, sondern in der Macht Gottes, ob dieser wollte oder nicht.

In Kuwait wurde mir versichert, dass «In Shah Allah» eine göttliche Mahnung zur Pünktlichkeit sei und keineswegs eine Entschuldigung fürs zu spät erscheinen. Es hiess, der Ausdruck diene ursprünglich der Demut gegenüber Gott. Ich finde allerdings, dass sie eher in einer Kultur angewandt wird, in der man keine Verantwortung mehr übernehmen möchte. Alles wird in die Hände Gottes gelegt – der Allmächtige wird es schon irgendwie richten. Tatsächlich begannen unsere Sitzungen selten pünktlich. Gott wollte es anscheinend so.

Mein angeborener Sinn für Sarkasmus half mir natürlich nicht, wenn es darum ging, eine höhere Macht als Entschuldigung für nicht Erreichtes zu akzeptieren. Meine Bemerkungen stiessen nicht immer auf Gegenliebe, und ein von Nicht-Muslimen falsch angewendetes «In Shah Allah» kann auch Schaden anrichten. Eine Anmerkung kann ich mir hier aber nicht verkneifen: Für mich als Aussenstehender wirkte dieses ständige «wenn Gott will» oft wie blanke Gleichgültigkeit. Irgendwie würde es schon gerichtet, schliesslich will Allah ja nichts Schlimmes. Was er mit Sicherheit nicht tut, ist das Ausführen nicht verrichteter Arbeit, eine verschmutzte Welt säubern und Reis wachsen lassen, wo nichts gesät wurde. Schon wieder sarkastisch?... Nein, leider alles am eigenen Leib erfahren.

Wie ich aus verschiedenen Lektüren entnehmen konnte, wurde die Pest als Strafe Gottes für die Sünden der Menschen und nicht als Konsequenz hygienischer Missstände in den Grossstädten des Mittelalters interpretiert. So galten auch Unwetterkatastrophen, Erdbeben, Dürren und Überschwemmungen als Zorn Gottes gegenüber Völkern, die gesündigt hatten. Auch heute noch werden von vielen Menschen Naturkatastrophen als Bestrafungen Gottes oder der Götter für unsere täglichen Sünden gedeutet.

Meines Wissens gibt es Erdbeben, Tsunamis und Vulkanausbrüche seit sich die Kontinentalplatten verschieben – und das seit langer Zeit, lange bevor es

Lebewesen gab, die auf zwei Beinen gingen. Immer mehr Menschen lassen sich an Orten nieder, die nicht unbedingt für ein langes und gesundes Leben geeignet sind. Ein Vulkanausbruch, wie der des Krakataus[23] hätte heute wahrscheinlich noch viel grössere Auswirkungen als noch vor 130 Jahren. Die Bevölkerungsdichte der betroffenen Region im Süden Sumatras dürfte sich seitdem um ein Vielfaches erhöht haben.

Da die Schöpfung – auf jeden Fall aus geologischer Sicht – bewiesenermassen ein kontinuierlicher Prozess ist und mit ziemlicher Sicherheit nicht am Abend eines sechsten Tages abgeschlossen war, entwickelt sich die Erde weiter. Dies geschieht basierend auf Energien, die der Mensch heute zum Teil sehr gut versteht und auch berechnen, aber in den wenigsten Fällen beeinflussen kann.

Ich bin überzeugt, dass sich der Mensch bei der Namensgebung des Schutzwaldes etwas überlegt hatte. Ganz einfach, er beschreibt die Funktion dieses Waldes – den Schutz der darunterliegenden Siedlungen. Wenn es zu Lawinenabgängen und Erdrutschen kommt, weil dieser Schutz entfernt wurde, kann man dies nicht höheren Mächten in die Schuhe schieben. Die Verantwortung liegt einzig und allein beim selbsternannten intelligentesten Wesen auf Erden, das den Wald mutwillig gerodet hat.

---

23 Der Krakatau ist ein Vulkan in der Sundastrasse zwischen den indonesischen Inseln Sumatra und Java. Der Vulkan brach im Laufe der letzten Jahrhunderte mehrmals aus. Der bekannteste Ausbruch ereignete sich am 27. August 1883 und die Katastrophe und den dadurch ausgelösten Tsunami kamen mehr als 36'000 Menschen ums Leben.

Zusätzlich muss erwähnt werden, dass BBC, CNN und andere Medien den Sensationsjournalismus in den letzten Jahrzehnten perfektioniert haben und dadurch viel häufiger, schneller und detaillierter über solche Geschehnisse berichten. Es kommt einem mittlerweile so vor, als ob sich überall nur noch Katastrophen ereignen und dabei Menschenleben verloren gehen. Es macht den Anschein, als gäbe es immer mehr Naturkatastrophen mit immer verheerenderen Auswirkungen.

In den letzten Jahren hat sich zusätzlich die Tendenz entwickelt, alles der globalen Erwärmung in die (warmen) Schuhe zu schieben. Ich möchte dieses Thema nicht herunterspielen, aber ich glaube, dass für viele nicht-an-Gott-Glaubende der Klimawandel eine Art universelle Erklärung oder gar eine Ersatzreligion geworden ist. Als Bürger eines kleinen Landes wie der Schweiz, fühlt man sich angesichts der globalen Dimensionen des Problems sowieso machtlos, um daran etwas zu ändern. Die politische Spitze aus Amerika, China, Indien und Russland hat da schon die besseren Karten, um wirklich etwas bewirken zu können.

Summa summarum: Menschen neigen dazu, bei Erklärungsbedarf auf die Existenz einer höheren Macht oder mehrerer höheren Mächte zurückzugreifen. Ich kann das gut nachvollziehen, da es sich um ein Konzept handelt, das es schon seit Tausenden von Jahren gibt. Ich persönlich brauche keine höheren Mächte mehr, um das Unerklärliche zu erklären oder mich damit für einen Gedanken zu rechtfertigen. Ich denke, dass ich meine Handlungen selbst bestimmen und beeinflussen kann und übernehme für die meisten auch selbst Verantwortung – zumindest, solange mein Verstand einigermassen mitmacht und nicht zu viel Alkohol in den Adern fliesst.

Nicht alle meiner Mitmenschen können dasselbe behaupten, da für vieles nicht sie selbst oder ihre Mitmenschen verantwortlich sind, sondern (anscheinend) eine höhere Macht, sprich Gott. Prinzipiell finde ich das nicht schlecht und es geht für mich ganz in Ordnung. Viele von uns sind so gestrickt, dass sie keine Verantwortung übernehmen wollen oder erhalten und einfach das ausführen, was ihnen gesagt oder aufgetragen wird. «Die Kirche macht es vor». Und auch bei Arbeitgebenden, Familien und im sozialen Umfeld funktioniert es teils so.

Einige Influencer und Influencerinnen sagen zum Beispiel den Gen Z[24] Personen, wie sie sich anzuziehen, sich zu schminken und sich zu ernähren hätten. Als Follower[25] kann man so ebenfalls die Verantwortung abgeben. Wenn etwas von den Kollegen oder Kolleginnen als nicht schön empfunden wird, kann man es so jemand anderem in die Schuhe schieben. Ein Influencer oder Influencerin mit einer Million Followern kann ja nicht wirklich falsch liegen, oder?...

---

24 Menschen, geboren zwischen 1995 und 2012.
25 Bezeichnung für die Abonnenten eines Nutzers oder Nutzerin einer sozialen Applikation.

Zeitsprung: Der frühe Homo Sapiens verständigte sich untereinander, um die Jagd und die Sammelaktivitäten erfolgreich zu gestalten, es ging vor Allem ums Überleben. Vor ungefähr 70'000 Jahren kam dann langsam die Vorstellungskraft dazu: Das Tratschen und das Kreieren von guten Geschichten. Mit der Entwicklung der Sprache konnten diese auch mit der Gruppe geteilt werden. Die Natur wurde für viele Schätze, die sie tagtäglich offenbarte, gepriesen. Dank, noch heute an vielen christlichen Tischen Brauch. Nur dankt man nicht der Natur, sondern Gott für die Gaben der Natur, welche er ja geschaffen hatte.

Ich hatte mich daran gewöhnt, dass sich Audrey für jede Mahlzeit bei Gott bedankte. Dies, obwohl irgendwo eine Henne mühsam ein Ei legte, daraus ein Gockel schlüpfte, dieser von einem Geflügelfarmer ohne Liebe aufgezogen wurde, beim Schlächter das kurze Leben lassen musste, pfannenfertig gerupft und ausgenommen wurde, durch den zuverlässigen Logistiker im Kühlregal landete, ich diesen mit ehrlich-wohlverdientem Geld gekauft hatte und zu Hause mit anderen Zutaten zu einer warmen Mahlzeit zubereitet hatte. Der Tisch hatte auch ich gedeckt, da die Tochter (wahrscheinlich) zu faul dazu war. Glücklicherweise kann ich mich selbst sehr gut motivieren und brauche keine anerkennenden Worte. Ich überlasse Gott gerne den «Credit» für den Coq au Vin, schliesslich soll ja sein Sohn den Wein aus Wasser gemacht haben... Ups, zu viel Sarkasmus!

Während meine Frau Gott dankt, denke ich jeweils an diejenigen, die es mir ermöglichten, einen Gockel in Rotwein zu kochen. Nicht zu vergessen, der Matrose, der die Kartoffel vor ungefähr 450 Jahren nach Europa gebracht hatte – die Beilagen habe nämlich auch ich zubereitet.

Meine Frau und ich teilten nicht immer die gleichen Ansichten, wenn es um Gott und die Welt ging. Ich glaube aber sagen zu dürfen, dass wir uns gut ergänzten, und wir es vermieden uns gegenseitig zu missionieren. Obwohl ich Audrey als sehr moderate und liberale Person kennenlernte, fand sie mit dem Glauben an Gott einen guten Halt, als wir die Diagnose Krebs erhielten.

Als geborene Protestantin, aufgewachsen in einem stark evangelisch-reformiert geprägten Umfeld, hatte sie das Konzept Gott eigentlich nie hinterfragt. Ich akzeptierte, dass meine Ansichten über Gott – oder dessen Nicht-Existenz – ihr in dieser schwierigen Situation nicht wirklich helfen konnten. Deshalb liess ich sie machen, was für sie immer wichtiger wurde: Der Glaube an Gott.

Obwohl ich überzeugt bin, dass es Gott in der Form, wie er in der Bibel beschrieben wird, nicht gibt, war dieser Gott in Audreys Vorstellungen stets präsent. Zweifellos verschaffte ihr dieser Halt, eine gefühlt höhere Lebensqualität und innere Zufriedenheit. Obwohl ich nicht an dasselbe glaube, habe ich sie dabei so gut wie möglich unterstützt. Die Toleranz, eine andere Meinung zu akzeptieren, ist wohl eine Grundhaltung, um einem Mitmenschen Respekt zu zeigen.

Ich habe in den vielen Jahren, die ich in islamisch dominierten Ländern verbracht habe, gelernt, dass Freundschaften meist nicht in die Brüche gehen, wenn man ein anderes Fussballteam unterstützt, einer anderen politischen Partei angehört oder einen unterschiedlichen Musikgeschmack hat. Doch bei der Frage aller Fragen – «Glaubst du an Gott?» oder «Woran glaubst du?» – gehen viele Freundschaften auseinander.

Intolerante, möglicherweise auch besorgte Eltern haben bereits abertausende Vetos gegen interreligiöse Liebeshochzeiten eingelegt. Und dies, obwohl es bis heute immer noch keine Beweise gibt, dass irgendeine Religion, die einzig richtige, ist, ein Gott wirklich existiert oder ob es mehrere Götter gibt. Gerechtigkeitshalber muss ich hier erwähnen, dass es allerdings auch nie belegt wurde, dass es keinen Gott gibt. Wenn es für den einen passt, warum nicht?

Mit dieser Ansicht wäre eine Akzeptanz gegenüber Mitmenschen mit anderen Glaubensvorstellungen vermutlich einfacher. Jedoch hängt viel davon ab, an welchen Gott man glaubt oder welcher Religion man angehört. Kriege werden geführt, um den eigenen Glauben zu rechtfertigen und um Ungläubige zu bekehren oder zu vernichten. Dies alles wegen eines Konstrukts, das nicht bewiesen ist, in den Köpfen der Menschen existiert und somit beeinflusst werden könnte.

Was ist danach?

«Was kommt nach dem Tod, und wie geht es nach meinem Ableben weiter?» war die Frage, die mich persönlich am meisten beschäftigte. Wahrscheinlich war dies auch der Hauptgrund für meine Suche nach einer passenden Religion in den 1990er-Jahren. Wie ich aus vielen Begegnungen feststellen konnte, war ich bei Weitem nicht der Einzige mit dieser Frage. Sie war oft die wichtigste Frage aller Fragen.

Was ich jedoch selten – eigentlich nie – hörte, war die Frage: «Was war davor? Was und wo war ich vor meiner Geburt?» Diese Frage wurde, wenn sie überhaupt gestellt wurde, meist mit einem schlichten «Nichts» oder «Weiss nicht» beantwortet. Mit der Geburt fing für die meisten - obwohl ich der Meinung bin, etwa 39 bis 40 Wochen früher - alles erst an. Aufgrund dieser häufigen Aussagen gelangte ich bezüglich der Frage «Was kommt danach?» zu einer grundlegenden Erkenntnis: Dasselbe wie zuvor - nichts.

Eigentlich ist dies falsch, denn es wird vieles geben – es wird einfach ohne mein Dazutun und ohne meine Anwesenheit geschehen. Dies stellt für die meisten meiner Mitmenschen ein Problem dar. Dass das «Ich» mit meinem Tod ein Ende findet, ist kein angenehmer Gedanke. Für mich selbst war und ist es das ebenfalls nicht. Warum also nicht eine dieser angenehm anzuhörenden Lösungen annehmen? Eine Lösung, die am Ende noch schöner sein könnte als das irdische Leben, das Paradies? Oder die Wiedergeburt, vielleicht sogar als anderes Wesen? Wir werden sehen, dass Letzteres an gewissen Bedingungen geknüpft ist.

Eine kleine Abschweifung zu den Wikingern: Mitte der 1990er Jahre arbeitete ich als Küchenchef bei der Eröffnung eines Hotels in Vietnam, wo auch ein skandinavisches Kadermitglied zum Team gehörte. Fast zwei Meter gross, Flat-Top-Frisur, brachte sicherlich mindestens 130 kg auf die Waage und mit einer Umgangssprache, die im Gastgewerbe nicht viel Trinkgeld einbrachte. Er war ja auch im Back of the House[26] tätig.

Walhalla Zeichnung von Emil Doepler

Ich fand bald heraus, dass er nicht nur ein selbsternannter moderner Wikinger mit rauen Manieren war, sondern auch gute Kenntnisse über die Geschichte der Herren des hohen Nordens hatte. Er träumte unter anderem davon, eines Tages in Walhalla, dem nordischen Pendant zum Paradies, aufgenommen zu werden. Nur kann dies, gemäss der nordischen Mythologie ein wenig genauer beschrieben werden.

---

26 Back of the house (BOH) sind Abteilungen eines Hotels, die meist keinen direkten Gästekontakt haben, wie zum Beispiel die, Wäscherei, Unterhalt, Revenue Management etc.

Die Geschichten, die er oft zum Feierabendbier erzählte, weckten meinen Wissenshunger, und ich wollte mehr über dieses nordische Volk erfahren. Schliesslich klang es verlockend, nach dem irdischen Leben, dort eine Zeitlang oder sogar die Ewigkeit zu verbringen: Unerschöpfliche Mengen von Speis und Trank, mit weiblicher Bedienung[27], die jeden Wunsch erfüllt. Kopfkino an dieser Stelle erlaubt.

Die Sache hat aber einen entscheidenden Haken und stellt für mich eine absolute Spass-Bremse dar: Um dorthin zu gelangen, müsste ich im Krieg fallen.

Im hohen Norden, zu einer Zeit, als es weder TV, Internet, Megamalls noch Amazon.com gab und man des Herrschers Hunger nach Gold und Schätzen befriedigen musste, kann ich mir vorstellen, dass ein Heldentod in der Schlacht mit Freikarte ins Paradies eine attraktive Option war. Dort traf man dann auch wieder auf seine Kriegskameraden, Freunde und Familie. Wäre ich vor über 1'000 Jahren als Krieger auf einem Schlachtfeld gefallen, wäre es mir im Jenseits womöglich besser ergangen als demjenigen, der mich getötet hatte.

---

27 Die Walküren: Korrekterweise muss hier erwähnt werden, dass sie nicht «nur Bedienung» sind, sondern auch die Macht haben, um übers Schicksal jedes Einzelnen zu bestimmen. Sie bestimmen auch auf dem Schlachtfeld, welche gefallenen Krieger nach Walhalla gebracht werden.

Grandios! Wer diesen Glauben derart tief in den Köpfen eines Volkes verankern konnte, gehört für mich in die Liste der Top 10 erfolgreichsten Motivationslehrer aller Zeiten!

Hatten die Menschen des Nordens keine andere Wahl, keine Alternativen oder fürchteten sie sich gar, etwas zu hinterfragen, das sich über Jahrhunderte bewährt hatte? Vielleicht war es auch einfach der Gedanke an Walhalla, der so angenehm war, dass man gar nicht an etwas Anderes glauben wollte. Allerdings lehrt uns die Geschichte, dass christliche Missionare es im Norden schafften, aus den Vollblutkriegern mit hervorragenden Seefahrerkenntnissen ein gottesfürchtiges, sesshaftes Volk zu machen. Aus «Auge um Auge, Zahn um Zahn» wurde tatsächlich «Wenn dich jemand auf die rechte Wange schlägt, dann halte ihm auch die Linke hin». Es scheint mir kein Zufall zu sein, dass der Erfolg der Wikinger-Raubzüge nachliess, als sie sich dem Christentum zuwandten. Das Zückerchen in Form von Walhalla, um bis zum Tod zu kämpfen, war mit dem neuen Glauben nicht mehr gegeben. Andere Werte waren gefragt um in den Himmel, ins Paradies zu gelangen.

Die Wikinger waren zum Glück aber auch ein Volk von bemerkenswerter Anpassungsfähigkeit. Die Geschichte der Normandie[28] ist der beste Beweis dafür, wenngleich dies ein anderes Thema ist, das nicht in den Rahmen dieses

---

28 Die Normandie ist Frankreichs «Land der Nordmannen» und war von 911 bis ins 13. Jahrhundert ein unabhängiges Herzogtum. Der Wikinger Rollo (*846; †931/932) ist der erste Herzog der Normandie.

Buches passt. Die Idee von Walhalla wirkte jedoch für ein paar Jahrhunderte hinweg und hielt die Krieger des hohen Nordens motiviert. Ein Glaube an ein Jenseits, ein Leben nach dem Tod, wurde ihnen mit Odins[29] Reich offenbart.

Was ich mit obiger Anekdote und Abschweifung verdeutlichen möchte, ist dass die darin beschriebene Option ebenfalls eine Antwort auf die Frage des Danach bietet. Es gibt nicht nur die christliche oder andere monotheistische Option, um in den Himmel zu kommen – mit einer guten Dosis Unvoreingenommenheit kann man auch unter verschiedenen Alternativen wählen.

Mit dem Versprechen des Paradieses verbindet sich auch die Vorstellung, sich mit den bereits verstorbenen Liebsten wieder zu vereinen. Vorausgesetzt, man sündigt hier auf Erden nicht – oder wird für die wenigen begannen Sünden vergeben. Also, warum nicht daran glauben? Wer nicht von Anfang an überzeugt ist, kann nachfragen. Es liegt in der menschlichen Natur, sich unbestätigte Gedanken von ausgewählten Personen bestätigen zu lassen. Wir wissen immer ganz genau, wen wir wann fragen müssen, um diese Bestätigung zu erhalten. Eine passende Interpretation lässt sich dann meist finden.

Kann der Glaube ans Jenseits, das Paradies oder was nach dem Tode kommen mag, wirklich das Ziel unseres Lebens sein? Man lebt nach den Vorgaben der Bibel und am

---

29 Odin ist der Hauptgott in der nordischen und Mythologie.

Tag des Jüngsten Gerichts ist das Ziel (hoffentlich) erreicht: Man wird gerichtet und kommt ins Paradies. Die Hölle wäre dann die Alternative, wenn man sich nicht an die Vorgaben gehalten hat. Daran denkt man aber eigentlich eher nicht. Man findet immer einen Weg, die weniger guten Taten zu rechtfertigen oder die Verantwortung auf andere abzuwälzen.

Es muss hier erwähnt werden, dass Gott – wie ich – anscheinend keine Grauzonen mag: Schwarz oder Weiss, Heaven or Hell![30] Kein Angebot, dass irgendwo zwischen Himmel und Hölle liegt. Trotzdem hoffen viele Menschen, dass sie trotz rücksichtslosem Benehmen gegenüber allem und allen, nach dem Tod auf irgendetwas Positives hoffen können. Vielleicht erhoffen sie sich, trotz Sünden, ein «wenig» Paradies, indem sie beichten, pilgern oder spenden.

Ich finde, man sollte das Leben geniessen, den Weg, den man geht, das Umfeld respektieren und wertschätzen und Gutes tun, solange man bei Verstand ist. Eine stärkere Fokussierung auf den Weg anstelle des Ziels erscheint mir sinnvoll. «Der Weg ist das Ziel» - das möchte ich hier einfach mal in den Raum werfen.

Hier ein kleines Zwischenwort zur Reinkarnation: Die Wiedergeburt ist ebenfalls eine Möglichkeit an ein Weiterleben nach dem Tod zu glauben – und zwar in einem anderen, neuen Körper. Dabei sucht sich die Seele einen

---

30 Englisch für «Himmel oder Hölle".

neuen Körper, entweder als anderer Mensch oder als anderes Lebewesen.

Wenn ich dieses Konzept anschaue, frage ich mich allerdings, woher plötzlich all die Seelen kommen sollen. Man nimmt an, dass bis zum Beginn unserer Zeitrechnung ungefähr 300 Millionen Menschen auf unserem Planeten lebten und es bis dahin etwa 45 Milliarden Geburten gab. Ein gewisser Turnover war somit gewährleistet.

Gegen Ende des 18. Jahrhundert gab es die ungefähr 90-milliardste Geburt, und dank der geringeren Kindersterblichkeit und der inzwischen fortschreitenden medizinischen Kenntnisse stieg die Bevölkerung im selben Zeitraum auf eine Milliarde an. Woher kamen die Seelen für die nun 330% mehr Körper?

Heute leben über achtmal so viele Menschen auf der Erde wie einst. Und dies bei lediglich rund 20 Milliarden zusätzlichen Geburten in den letzten 250 Jahren. Es scheint somit einen regelrechten Wettlauf der neu entstandenen Körper um die vorhandenen Seelen zu geben.

Eine mögliche Erklärung wäre die Einbeziehung der gesamten Tierwelt. Schätzungen zufolge existieren – Bakterien ausgenommen - etwa 750 Quintillionen (eine 75 mit 31 Nullen) Lebewesen auf der Erde. Schwankungen von ein paar wenigen Milliarden (0.000000000000000000001%) fallen da kaum ins Gewicht.

Ein Versprechen, dass man im nächsten Leben als höheres Wesen wiedergeboren wird, könnte ein angenehmer Anreiz dafür sein, damit man sich im gegenwärtigen Leben artig benimmt. Ich habe schon Personen sagen hören, dass sie sich eine Wiedergeburt als Vogel wünschen. «Freiheit, die Weite und grenzenloses Segeln» waren häufig verwendete Ausdrücke in diesem Zusammenhang. Jedoch habe ich noch nie gehört, dass sich jemand nach einem Leben als Regenwurm sehnt.

Die Comedian Harmonists[31] sangen in den 1930er-Jahren davon, ein Huhn sein zu wollen. Angesichts der Tatsache, dass allein KFC weltweit jährlich etwa eine Milliarde Kilogramm Hühnerfleisch[32] verarbeitet, müsste man mit der Definition «Vogel» ein wenig genauer sein. Die wenigsten Hühner führen heutzutage ein glückliches Leben «ohne viel zu tun», wie es die Comedian Harmonists besungen haben.

Ich wollt', ich wär' ein Huhn, ich hätt' nicht viel zu tun,
ich lege vormittags ein Ei und abends wär' ich frei.

Mich lockte auf der Welt kein Ruhm mehr und kein Geld.
Und fände ich das grosse Los, dann frässe ich es bloss.
Ich brauche nie mehr ins Büro. Ich wäre dämlich aber froh.

Ich wollt', ich wär' ein Huhn, ich hätt' nicht viel zu tun,
ich legte täglich nur ein Ei und sonntags auch mal zwei...
(Auszug aus «Ich wollt ich wär' ein Huhn» von den Comedian Harmonists)

---

31 Die Comedian Harmonists waren ein international bekanntes Berliner Vokalensemble der Jahre 1928 bis 1935.
32 Stand 2021 (Quelle: YouTube)

Um auf den Kernpunkt zurückzukommen: Was ich in diesem Kapitel sagen will, ist, dass es in allen Religionen nach dem Tod irgendwie weitergeht. Das ist beruhigend für Sterbliche, die eine Antwort auf die Frage «Was ist danach?» suchen.

Mir kam es in Asien ab und zu vor, als würde das sogenannte Leben nach dem Tod als Marketingkampagne eingesetzt werden, um neue Gläubige zu gewinnen. Das Paradies wurde stets in den schönsten Farben dargestellt, doch man musste es sich verdienen. Die «Bedingungen» variieren je nach religiöser Ausrichtung.

Eine persönliche Geschichte: Anfang der 1990er-Jahre teilte ich eine 3½-Zimmer-Wohnung mit einem muslimischen Arbeitskollegen, etwa in meinem Alter. Nach Feierabend sassen wir gerne öfters zusammen und tauschten uns über unser Leben aus.

Als wir eines Abends über unsere Eltern sprachen, liess er mich wissen, dass sein Vater bereits verstorben war. Als ich ein trauriges Gesicht aufsetzte und Mitgefühl ausdrücken wollte, unterbracht er mich und erklärte, dass die Familie sehr glücklich über den Tod seines Vaters gewesen sei. Wow – man war glücklich, als ein Familienmitglied, und dann auch noch der Chef des Clans, starb? Let me explain...

Wenn irgendwie möglich, sollte jeder Muslim mindestens einmal im Leben nach Mekka[33] pilgern. Nach Vollbringung der Rituale dort soll die Seele so rein sein wie die eines Neugeborenen. Eine reine, sündenfreie Seele kommt nach dem Tod anscheinend ohne weitere Fragen direkt in den Himmel.

So war es auch beim Vater meines Arbeitskollegen. Kurz nachdem er mit dem Ritual des Umgehens der Kaaba[34] und dem Werfen der Steine fertig war, erlitt er einen Herzinfarkt. Er war ein sündenfreier Mann mit einer reinen Seele und durfte deshalb auf direktem Weg in den Himmel gelangen, für alle Ewigkeit.

Die Familie freute sich darüber. Das Leben hier auf Erden sei ohnehin nur kurz; nur eine temporäre Station, auf der der Mensch getestet und geprüft werde. Die Ewigkeit im Paradies habe einen unendlich höheren Stellenwert.

Ein trauriges Kapitel unserer Zivilisation: Ich hoffe, nicht, dass ich mich täusche, doch ich denke nicht, dass ein Bombenattentäter, der sich inmitten anderer Menschen in die Luft sprengt, in den Himmel kommen sollte. Die Perversion religiöser Ideen, wie das Versprechen des Märtyrertums und der Belohnung im Jenseits, wurde jedoch

---

33 Mekka ist eine Stadt im westlichen Saudi-Arabien und mit der Heiligen Moschee der zentrale Wallfahrtsort des Islams.
34 Die Kaaba ist ein quaderförmiges Gebäude im Innenhof der Heiligen Moschee in Mekka und bildet als «Haus Gottes» das zentrale Heiligtum des Islams.

instrumentalisiert, um etwa die Ereignisse von 9/11[35] in den USA zu ermöglichen. Die Terroristen, die die Flugzeuge in die Twin Towers flogen, hatten nach minimalem Training und maximaler Gehirnwäsche wirklich geglaubt, dass sie durch ihren Tod einen Freipass für einen Platz im Himmel erhalten würden. Noch besser: Sie glaubten, Sie werden dort von 72 Jungfrauen[36] empfangen, die ihnen jeden Wunsch erfüllen würden.

Erstaunlich ist, dass einige Selbstmordattentäter vor dem Zünden ihrer Körperbomben tatsächlich ihr Allerwertestes mit feuchten Tüchern einbinden damit es bei der Explosion keinen Schaden nimmt. Sonst könnten die versprochenen Unberührten im Paradies nicht beglückt werden. Hatte der eine oder andere Selbstmordattentäter vielleicht doch Bedenken, dass nicht nur die Seele in den Himmel kommt?

Ein trauriges Kapitel unserer Zivilisation: Heute werden mehr Kriege aus Glaubengründen geführt als aus anderen Konfliktthemen.

Die Seele – ein Konzept, das bis heute wissenschaftlich weder bewiesen noch widerlegt ist.

---

35 Die tragische Attacke auf die Twin-Tower in New York werden nach dem Datum 11. September genannt, als diese ausgeführt wurde.
36 Im Koran wird erwähnt, dass jene, die in Allahs Namen (Jihad) kämpfen und dabei getötet werden, eine «grosse Belohnung» erhalten. Es gibt Interpretationen, die sich bei den 72 Jungfrauen auf einen der «sieben Segen von Allah» für Märtyrer beziehen. Dies hat dazu geführt, dass das Konzept der 72 Jungfrauen breit benutzt wird, um andere Muslime dazu zu bringen, «Märtyreroperationen» im Namen des Islams auszuführen.

Während in der heutigen Wissenschaft die Existenz von Phänomenen in der Regel durch empirische Belege gestützt werden muss, wird die Existenz von Geist und Seele oft als gegeben angenommen, solange keine überzeugenden Gegenargumente vorliegen. Stand heute gibt es Geist und Seele, bis das Gegenteil bewiesen ist.

Ansonsten müsste man mit ziemlicher Sicherheit einige Bücher und Lehren umschreiben, umdenken und umlernen. Das möchte man – vor allem im Vatikan – nicht, denn sonst würde unter vielem anderem auch die traditionelle Vorstellung vom Jenseits in Frage gestellt.

Ich habe mir immer wieder unglaubliche Geschichten erzählen lassen: Von Seelen und Geistern, die nicht bemerkten, dass sie gestorben waren, nicht wussten, wohin ihr Weg führt, oder noch «unfinished business» – unvollendete Geschäfte – zu erledigen hatten.

Auf derselben Insel, von der die Wettergeschichte im ersten Kapitel stammt, wurden mir zahlreiche solcher Geschichten berichtet. Die lokale Bevölkerung versuchte auf verschiedene Weisen, mit den verlorenen Seelen umzugehen, indem sie ihnen aus dem Weg gingen oder ihnen halfen.

Das war genau zu jener Zeit, als Patrick Swayze[37] zusammen mit Demi Moore[38] das Thema von Geistern mit

---

[37] Amerikanischer Filmschauspieler und Tänzer (*1952; †2009).
[38] Amerikanische Schauspielerin (*1962).

unerledigten Aufgaben auf Erden romantisierte. Nach dem gemeinsamen VHS[39]-Genuss des Filmes «Ghost»[40] wurde ich von meinem Gastgeber gefragt, ob ich glaubte, dass das im Film Gezeigte möglich ist.

Obwohl der Film eigentlich in der Kategorie «Romatic Fantasy» zugeordnet wird, hielt man in dieser Gegend der Welt ein solches Szenario nicht nur für Fantasie, sondern auch für möglich.

Mein Gegenüber behauptete, selbst schon herumschwirrende Geister und gefangene Seelen erlebt zu haben. Er konnte deshalb meine Skepsis nicht ganz verstehen. Als Gast in einem fremden Land und sozial noch unsicher, traute ich mich damals nicht, den Hausherrn mit einem einfachen «Nein» abzufertigen.

Basierend auf der Denkweise meines Gastgebers durfte ich ab diesem Moment annehmen, dass Glaubensangelegenheiten auch mit viel Fantasie und Romantik gelöst werden können. Warum sollte ich seine Gedankengänge anzweifeln? Es war schliesslich sein Glaube. Wenn das für ihn so passt, werde ich ihn dies so glauben lassen, schliesslich ging es bei der Frage nicht um Leben und Tod... oder?

---

[39] Video Home System ist ein analoges Aufzeichnungs- und Wiedergabesystem für Videorekorder und setzte sich als Standard für private Aufzeichnungen durch.
[40] Film aus dem Jahre 1990. Deutscher Titel: Ghost - Nachricht von Sam

Für mich war es einmal mehr eine Bestätigung: Glauben funktioniert nur, wenn man das Gesehene und Gehörte – ob wahr oder nicht – im Kopf zulässt.

Die Vorstellung eines schönen Ortes, den man durch eine anständige Lebenseinstellung oder dargebrachte Opfer erreichen kann, ist allemal eine gute Lösung, um die Angst oder Ungewissheit vor dem Danach zu nehmen. Das Konzept «Wenn du nicht artig bist, kommst du nicht in den Himmel» hat sich über sehr lange Zeit bewährt – nicht zuletzt, um eine gewisse Ordnung innerhalb von Lebensgemeinschaften zu erhalten.

Im Christentum gilt grundsätzlich das Versprechen: Wer nach den Vorgaben, den Geboten des Schöpfers lebt, kommt in den Himmel, ins Paradies. Wer jedoch nicht an Gott und die Bibel glaubt, dem bleibt diese Option klar verwehrt.

Das Konzept Gott ist deshalb – so finde ich – eine gute Sache, vor Allem, wenn man mit einem endgültigen, finalen Ableben nicht leben kann.

Für immer und ewig

Ich stelle jetzt einfach einmal in den Raum, dass die Ewigkeit wohl etwas ist, das es nie geben wird. Was war vor der Schöpfung, wie sie in Genesis beschrieben wird, oder – plausibler – vor dem Urknall? Was auch immer es war, es dauerte nicht für immer und endete schliesslich mit der Schöpfung oder eben dem Urknall.

Genauso glaube ich an die Theorie, dass der heutige Zustand des Universums eines Tages enden wird. Astrophysiker haben verschiedene Szenarien für dieses Ende berechnet. Aktuelle Modelle deuten darauf hin, dass wir uns bald der Halbzeit der erwarteten Lebensdauer des Universums nähern.

Warum betont die Bibel dann mit solcher Vehemenz die Ewigkeit? Weil der Mensch nicht vergänglich sein will? Weil wir die Vorstellung des endgültigen Endes nicht akzeptieren wollen? Dass das «Ich» einmal zu existieren aufhört?

Die Ewigkeit scheint die Menschheit schon seit Langem zu beschäftigen. Am auffälligsten, so finde ich, haben sich die ägyptischen Pharaonen und einige der chinesischen Kaiser damit auseinandergesetzt.

Der Glaube an den Übergang in die Ewigkeit nach dem irdischen Ableben manifestierte sich in aufwendigen Bauwerken und kostbaren Grabbeigaben. Dass diese «Reise» mit limitierten Ressourcen vorbereitet und abgedeckt wurde, wagte wohl niemand zu hinterfragen.

Tutanchamun[41] war zu Lebenszeiten einer der weniger bedeutenden Pharaonen. Doch auch er wollte sich vor etwa 3'300 Jahren - wie viele vor und nach ihm - der Fortsetzung seines Lebens im Jenseits versichern.

Die Totenmaske von Tutanchamun im Ägyptischen Museum von Kairo.

Ein enorm grosser finanzieller Aufwand wurde betrieben, damit die begrenzten Ressourcen für die unendliche Reise ausreichten. Ich bin überzeugt, dass er sich erst mit dem Fund seines Grabes vor etwa 100 Jahren wirklich unsterblich machte.

Ich glaube nicht, dass es ein Gesicht - oder besser gesagt, eine Totenmaske - aus dem vorchristlichen Zeitalter mit

---

41 Ein altägyptischer Pharao der 18. Dynastie, der etwa von 1332 bis 1323 v.Chr. Regierte.

grösserem Wiedererkennungswert gibt als die blau-goldene Maske dieses jung verstorbenen Pharaos.

Dieses Bild der goldenen Maske wird auch keine absolute Unendlichkeit besitzen. Es wird nur so lange existieren, wie es in Erinnerung bleibt oder erinnert wird. Für mich stellt dies bereits eine Form der Ewigkeit dar – aber ich lebe ja eines Tages auch nicht mehr. Nun lasse ich mich jedoch zu philosophischen Betrachtungen hinreissen – ich höre besser damit auf.

Soweit ich weiss, ist die Ewigkeit in allen Religionen in irgendeiner Form ein Thema. Die Reinkarnation oder Wiedergeburt im Buddhismus unterstreicht dies ebenfalls. Dabei wird eigentlich von einer unsterblichen Seele ausgegangen. Der Körper ist dabei nur das Fahrgestell, die Hülle oder wie auch immer man es betrachten möchte. Das bedeutet, man kann den Körper bis zum Tod nutzen - ja, sogar ausnutzen -, da er nach dem Ende der Lebensprozesse seine bisherige Funktion verliert.

Ironische Randnotiz: Es kommt mir vor, als nehmen viele Menschen das sehr ernst und verunstalten ihren Körper so sehr, dass er tatsächlich nicht mehr zu gebrauchen ist – noch weit vor Erreichen des allgemein anerkannten Lebensalters. Bei meinen Beobachtungen habe ich festgestellt, dass gerade diejenigen, die ihren Körper so behandeln, nicht gottesfürchtige Personen sind. Eine gewisse Ironie lässt sich nicht leugnen.

Im mittleren Osten meinte ein Berufskollege: «Wenn Du ein Auto entsorgst, muss so ziemlich alles daran kaputt sein. So soll es meinem Körper ergehen. Wenn ich in den Himmel komme, benötige ich diesen nicht mehr. Es wäre schade, noch funktionierende Teile zu entsorgen». Es darf angenommen werden, dass mein Kollege nicht als Organspender gelistet war.

Zurück zu ernsthafteren Gedankengängen: Die Ewigkeit wird während Gebeten in der Kirche häufig zitiert, und die Unsterblichkeit ist seit der Erkenntnis der Sterblichkeit ein grosses und stets präsentes Thema. Das hätten sich die Einzeller vor über 1.2 Milliarden Jahren anders «überlegen» sollen. Nach der Teilung eines Einzellers lebten beide Zellen weiter – es gab somit keinen natürlichen Tod im heutigen Sinne. Erst als sich Einzeller zu Kolonien zusammentaten, sich auf verschiedene Aufgaben spezialisierten und sich dann zu einem komplexen, mehrzelligen Lebewesen entwickelten, entstand die Sterblichkeit. «Tough luck!»[42]

Wie ich einmal gelesen habe, ist der Mensch das einzige Lebewesen auf der Erde, dass ein Bewusstsein um seine eigene Sterblichkeit besitzt. Kleinkinder haben dieses Bewusstsein von Zeitlichkeit und Tod übrigens noch nicht. Sie erleben den Tod nur als eine unendliche Trennung. Erst wenn sich im Laufe der Entwicklung eine bewusste

---

42 Zu Deutsch «Dumm gelaufen»

Unterscheidung zwischen Trennung und Tod in Bezug auf eine Bezugsperson ergibt, kann der heranwachsende Mensch den Unterschied zwischen Trennung und Tod differenziert begreifen.

Ich glaube, als denkfähige und miteinander kommunizierende Homo Sapiens wollen wir diesen hohen Preis – die Sterblichkeit – irgendwie kompensieren. Rein biologisch gesehen, setzen wir unsere genetische Linie in unseren Kindern fort – leben so zu sagen in unseren Kindern weiter.

Mir scheint jedoch immer häufiger, dass wir uns der Verantwortung für die zukünftige Entwicklung unserer Kinder und nachfolgenden Generationen nicht mehr ausreichend bewusst sind. Wenn wir unsere Kinder gut auf das Leben vorbereiten und dies auch nachhaltig tun, könnten davon auch noch die Enkelkinder und deren Nachkommen profitieren.

Auf jeden Fall kann ich mich immer noch gut an meine Grosseltern und die unzähligen gut gemeinten Weisheiten, die sie mir auf meinen Lebensweg mitgegeben haben, erinnern. So leben sie in mir weiter und so werde ich in meinen Kindern. Wahrscheinlich steht einfach unser Ego im Weg, das uns nicht akzeptieren lässt, dass mit uns als Individuum einmal Schluss ist. Ende, fertig, Dernière[43], Vorhang gezogen – aus.

---

43 So wird im Theater die letzte Vorstellung genannt.

Ist Unsterblichkeit mehr als nur ein unendliches Leben? In verschiedenen Geschichtsbüchern werden die Erinnerungen an Menschen verewigt. Zumindest für die Generationen, die sich noch mit ihrer Geschichte oder Teilen davon befassen.

Eine Person, über die 2'300 Jahre nach ihrem Tod noch gesprochen wird, betrachte ich als zwar gestorben, aber dennoch auf gewisse Weise für die nachfolgende Generation unsterblich. Alexander der Grosse[44] hatte nicht primär als Ziel, durch die Grösse seines Reiches ein Denkmal zu setzen oder davon träumte, im eigentlichen Sinne ein Pharao zu werden. Vielmehr verfolgte er wohl das Ziel, sein Reich zu konsolidieren und auch die Zukunft seiner Dynastie zu sichern.

Leider kam es etwas anders: Schon seine Enkelkinder erlebten, wie Opas Reich zusammenbröckelte. Obwohl seine sterblichen Überreste nie gefunden wurden und keine Selfies an einer Grabstätte möglich sind, wird er dennoch für seine Effizienz und die Struktur seines erkämpften Reiches in Erinnerung behalten. Cheers, Alex!

---

44 (*356 v.Chr.; †323 v.Chr.) Ab 334 v.Chr. dehnte er das Reich seines Vaters aus dem unbedeutenden Kleinstaat Makedonien, durch den Alexanderzug unter anderem bis an den indischen Subkontinent aus. Nach seinem Einmarsch in Ägypten wurde er dort als Pharao begrüsst. Aufgrund seiner grossen militärischen Erfolge wurde das Leben Alexanders ein beliebtes Motiv in Literatur und Kunst.

Ein Portugiese[45], der vor über 500 Jahren als Waise aufwuchs und dessen geplante erste Weltumsegelung aufgrund seiner Arroganz auf den Philippinen[46] unvollendet blieb, wird heute noch mit einer wichtigen Meeresstrasse[47] geehrt. Solche monumentalen Tribute an Menschen, die Geschichte geschrieben oder initiiert haben, machen sie unsterblich – zumindest für eine gewisse Zeit.

Anonymes Porträt von Ferdinand Magellan

Die Marketingmaschinerie der Unterhaltungsindustrie sieht das leider anders und bewirft uns aus Geldgier mit kaum Nachhaltigem. Die Ereignisse, die fast tagtäglich zum Beispiel von Hollywood kreiert und kommuniziert werden, haben sehr wenig «Once in a lifetime»[48] Charakter. Auch die Ansammlung von Sternen auf dem Walk of Fame[49] ändern daran nichts. Ich behaupte, dass man sich schon in zwei bis drei Generationen nur noch an einen Bruchteil der heute als verewigt geltenden Namen

---

45 Gemeint ist Ferdinand Magellan (*1485; †1521), ein wichtiger portugiesischer Seefahrer.
46 Lapu-Lapu lehnte die spanische Oberherrschaft und die christliche Missionierung ab. Magellan versuchte Lapu-Lapu und sein Dorf (wo heute der Flughafen von Cebu liegt) militärisch zu unterwerfen. Der Angriff am 27. April 1521 scheiterte und Magellan kam dabei ums Leben.
47 Die «Magellan Strasse» im Süden Chiles kürzt den Weg ums gefährliche Kap Horn ab.
48 «Ein unvergessliches Erlebnis», etwas, dass man nur einmal erleben wird.
49 Ehrung von Artisten mit einem Stern auf einem Bürgersteig in Hollywood

erinnern wird. Aber es gibt zahlreiche Namen von Menschen, die es wirklich geschafft haben, sich mit ihrer Kontribution an die Menschheit unsterblich zu machen – zum Beispiel griechische Philosophen, Erfinder und Herrscher der Antike und des Mittelalters.

Und was ist mit den anderen Millionen, ja, geschätzten 110 Milliarden Menschen, über die wir als nachfolgende Generationen nie etwas gehört, gesehen oder gelesen haben?

Ich glaube, genau das ist das Schwierige, wenn man nicht an eine der Lösungen glaubt, die die Religionen anbieten. Vor allem Extrovertierte lieben es, von anderen geliebt zu werden und als gute Menschen in Erinnerung zu bleiben. Wichtig: Das bedeutet jedoch nicht, dass Introvertierte keinen Beitrag zum Gemeinwohl leisten oder ignoriert werden wollen.

Was ist zum Beispiel mit dem Chinesen, der das Schwarzpulver erfand? Auch er hat sich unsterblich gemacht. Wie er hiess, wo er lebte, wie alt er wurde – dass weiss niemand mehr. Aber er hat Geschichte geschrieben und sich mit seiner Erfindung so zu sagen ebenfalls verewigt. Bei jedem Feuerwerk sollte an ihn gedacht werden. Er persönlich, als Mensch, hat zwar nichts mehr davon, aber als Teil der Menschheit hat er etwas geschaffen, das einen Einfluss bis zum Ende unseres Daseins haben wird.

Armstrongs[50] Worte, beim Betreten der Mondoberfläche wurden nur deshalb weltberühmt, weil damals bereits Ton aufgenommen werden konnte: «That's one small step for a man, one giant leap for mankind[51].» Wir können nur erahnen, was der chinesische Erfinder damals sagte. Vielleicht war es: «Dies ist ein kleiner Bäng für einen Menschen, aber ein riesiger Kracher für die Menschheit.» Wir werden es wohl nie erfahren. Vielleicht regen diese Zeilen dazu an, das nächste Feuerwerk einmal mit «anderen Augen» anzusehen.

Noch weiter zurück liegt die Entdeckung des kontrollierten Feuers durch unsere Vorfahren, die sich dadurch unsterblich gemacht haben. Nichts gegen Steak Tatar oder Sashimi, aber rohe Kartoffeln oder ungekochter Reis sind überhaupt nicht nach meinem Geschmack.

Doch was ist mit dem Koch, der mir heute zu Mittag eine herrliche, scharfe Meeresfrüchtesuppe zubereitet hat? Was ist mit der Frau, die den Reis, der auf meinem Teller landete, barfuss und möglicherweise in einem von Giftschlangen besiedelten Reisfeld geerntet hat? Diese Menschen haben sich mit ihrer Hingabe für eine spezifische Sache ebenfalls unsterblich gemacht. So denke ich gerade auch an die Menschen, die es geschafft haben, grosse Rechnerkapazitäten in ein flaches, tragbares Gerät mit

---

50 Neil Alden Armstrong (*1930; †2012) war ein amerikanischer Astronaut. Am 21. Juli 1969 betrat er als erster Mensch den Mond.
51 Zu Deutsch: «Dies ist ein kleiner Schritt für einen Menschen, aber ein riesiger Sprung für die Menschheit»

Tastatur zu integrieren, damit ich dieses Buch unterwegs auf einem Notebook weiterschreiben kann.

Vielleicht wirkt das auf einige Leser und Leserinnen altmodisch oder idealistisch, aber lasst uns öfter daran denken, was wir jeden Tag Gutes erleben dürfen. Mit anderen Worten: «Die Reise geniessen» und nicht nur ans Ende der Reise denken.

Wenn ich mit Mitmenschen über Schlafgewohnheiten spreche, komme ich mir oft wie ein Ausserirdischer vor. Nur wenige Personen glauben mir, wenn ich erzähle, dass ich mich hinlege und normalerweise nach fünf Minuten im Tiefschlaf sein kann. Ich meine wirklich schlafen – es sei denn, Audrey hat mich früher wachgerüttelt, um zu prüfen, ob ich noch wach bin. Das kann ich, weil ich müde bin und mit einem guten Gewissen ins Bett gehe. Tue Gutes und verarsche dabei deine Mitmenschen nicht. Der Marketing-Guru würde mich korrigieren und sagen: «Tue Gutes und sprich darüber.» Aber in diesem Fall ist das nicht nötig. Wenn ich an das Konzept «in den Himmel kommen» glaube, dann wurde ich für meine guten Taten von oben schon beurteilt und werde entsprechend belohnt. Kein Eintrag auf den sozialen Medien nötig!

Glaube ich nicht an den Himmel, ist es für mich selbstverständlich, dass ich mich für das Gute, das mir widerfahren ist, mit einer ähnlichen Aktion dafür bedanke. So empfinde ich es jeden Abend vor dem Einschlafen: Ich habe selten ein schlechtes Gewissen und hoffe, am nächsten Morgen wieder aufzuwachen, um eine kleine Kontribution zu leisten – ohne den Anspruch, in die Geschichtsbücher einzugehen.

In der Berufswelt sieht es jedoch anders aus. Hier hat der Marketing-Guru aber auch nur teilweise recht. Es gibt leider Personen, die nicht integer handeln, aber so darüber sprechen, als ob sie es täten - und dadurch Millionäre oder Milliardäre werden. Zum Glück sind das nur Ausnahmen.

In diesem Kapitel habe ich mich mit der Frage auseinandergesetzt, welche Vorstellungen Menschen von Ewigkeit und Unsterblichkeit haben. Es gibt sicherlich auch Menschen, die sich nicht viel darunter vorstellen und ganz einfach hoffen, dass die Geschichte von Himmel und Hölle stimmt.

Es ist schliesslich noch keiner zurückgekommen, um uns davon zu erzählen – jedenfalls niemand mit einem schlüssigen Beweis. Christen würden hier widersprechen, denn schliesslich hat sich Jesus nach Ostern einige Male blicken lassen, und der Heilige Geist kam an Pfingsten sogar für immer auf die Erde.

Auf der anderen Seite wird uns versucht aufzuzeigen, dass ein ewiges Leben auch nicht die ideale Lösung sein muss. Christophe Lambert[52] verkörpert dies in seiner Rolle als Highlander[53] - wenn auch nicht mit einer durchgehend überzeugenden schauspielerischen Leistung Dafür wird die Idee von Freddy Mercury[54], dem Leadsänger der britischen Band Queen, mit dem Song «Who wants to life forever»[55] umso eindrucksvoller besungen.

Christopher Lambert als Connor MacLeod im Film «The Highlander»

Ewiges Leben – wo bleibt da die Herausforderung? Die Zeit zu nutzen, die wir hier auf unserem Planeten haben, scheint sinnvoller. Was nach unserem Tod geschieht, betrifft die nachfolgende Generation.

Wie bereits gesagt: Wenn wir unsere Zeit gut nutzen, können wir das Danach eine ganze Weile beeinflussen. Aber was ist das schon gegen ein ewiges Leben im Himmel? Wer daran glaubt, hat irgendwie gleichwohl die bessere Option.

---

52 Christophe Guy Denis Lambert (*1957) ist ein französisch- amerikanischer Schauspieler.
53 Hollywood Film von 1986.
54 Bürgerlicher Name: Farrokh Bulsara (*1946; †1991), Leadsänger und Songwriter der britischen Rockgruppe Queen.
55 Titellied des Filmes «The Highlander», geschrieben vom Brian May (*1947), Leadgitarrist der britischen Rockgruppe Queen.

Glauben ist allgegenwärtig

Evolution

Nachdem unser Planet einigermassen geformt war, entwickelte sich zuerst die Flora und Fauna über viele Hundert Millionen Jahre. Dieser Prozess wurde durch einschneidende Ereignisse immer wieder unterbrochen und zurückgeworfen, die ihrerseits einige Millionen Jahre zur «Heilung» der entstandenen Wunden benötigten.

Und vor ungefähr 70'000 Jahren gelang es dem Homo Sapiens, die Sprache zu entwickeln. Ab diesem Moment ging alles plötzlich viel schneller.

Was ab dann geschah, lässt sich weniger auf die Evolution zurückführen, sondern vielmehr darauf, dass das menschliche Gehirn zunehmend effizienter genutzt werden konnte. Nach etlichen Hundert Millionen Jahren der Evolution liegen nur etwa 57'000 Jahre zwischen der ersten nachweislichen Bestattung des Homo Sapiens und den ersten gefundenen Stätten, die auf religiöse Rituale hinweisen. Weitere 13'000 Jahre später – im 21. Jahrhundert – findet sich eine geradezu überwältigende Vielfalt an Religionen.

Religion – eine erlernte Kultur? Das sogenannte Erbmaterial ist, so sagen Experten, seit der Migration des

Homo Sapiens von Afrika nach Europa praktisch unverändert geblieben. Deshalb kann ich mir kaum vorstellen, dass wir in diesem kurzen Zeitraum ein «Religions-Gen» entwickelt haben. Ebenso wenig habe ich jemals davon gehört, dass jemand mit einem Christen-Gen oder einem Hindu-Gen geboren wird. Religion war nie eine vererbbare Voraussetzung für das Überleben oder die Fortpflanzung.

Das bedeutet, Religion muss erlernt werden. Sie wird wie Mathematik, Fremdsprachen oder andere Kenntnisse vermittelt und erst durch aktives Lernen abgespeichert. Irgendwann glaubt man der Lehrperson, dass das, was im Französisch-Lehrbuch steht, richtig ist. Ebenso glaubt man der Sonntagsschullehrperson und der Bibel, dass deren Inhalte Hand und Fuss haben.

Früher oder später – spätestens in der Pubertät – hinterfragt man jedoch einiges, was einem die Erwachsenen beigebracht haben. Bei der Mathematik stellt man bald fest, dass fast alles Erlernte logisch, abstrakt und irgendwie greifbar ist. Bei Gott und der Bibel sieht das ganz anders aus. Hier gibt es kaum etwas Handfestes. Stattdessen gibt es viele Dokumentarfilme, die anhand belegter Fakten zeigen, wie die Welt langsam – und nicht in sechs Tagen – entstanden ist.

Astrophysiker, die auf Discovery Channel und anderen Plattformen auftreten, werden immer populärer und erklären den Urknall mithilfe eindrucksvoller Animationen. Warum glauben dann noch Menschen an die Schöpfungsgeschichte? Genesis ist für viele nicht nur eine Musikband[56], sondern immer noch das erste Buch der Bibel. Die ersten Zeilen der Bibel könnten gegensätzlicher zur Evolution nicht sein.

Und dennoch gibt es Menschen, die versuchen, beides miteinander zu verbinden. Sie argumentieren: «Man sollte die Schöpfungsgeschichte nicht so wörtlich nehmen, sondern metaphorisch verstehen.» Warum nennt man dann nicht das Tier beim Namen? Ein Eingeständnis, dass die Inhalte der Bibel nicht wortwörtlich zu nehmen sind, würde wohl zu viele Türen öffnen – Türen, hinter denen noch mehr Fragen lauern.

Um das holistische Bild des christlichen Glaubens zusammenzuhalten, erscheint es vielen einfacher, die Evolution zu leugnen und auf den in der Bibel beschriebenen «Anfang» zu verweisen. Bezugnehmend auf den Titel dieses Buches: Es ist Kopfsache. Jeder darf glauben, was er oder sie will.

Ich habe mehrere Artikel gelesen, die diskutieren, ob man einen Schöpfer beweisen oder dessen Nicht-Existenz widerlegen könne. Ein Gedanke lässt mich dabei einfach nicht los: Wenn Gott der Allmächtige so unglaublich perfekt

---

56 Genesis ist eine 1967 gegründete britische Rockband, am längsten bestehend aus den drei Bandmitgliedern Tony Banks, Phil Collins und Mike Rutherford.

ist, warum haben wir Menschen allein in unserer Bauweise so viele Fehler?

Zum Beispiel bereitet uns das Aufrechtgehen – nach über 600'000 Jahren Übung – immer noch Mühe. Das Aufrechtgehen ist, medizinisch betrachtet, eine konstante Abnutzung unseres Skeletts. Hätte uns ein allmächtiger Schöpfer kreiert, hätte dieser wohl ein besseres Design für uns bereitgehabt: Die Wirbelsäule ist alles andere als perfekt, die Knie nutzen sich kontinuierlich ab, und das Hüftbecken ist zum Gebären des Nachwuchses auch nicht ideal gebaut. Aber eben: Die Evolution geht langsam voran und wird genau deswegen oft auch als «Flickwerk der Natur» bezeichnet.

Noch vor nicht allzu langer Zeit war es leider nicht selten, dass ein Kind Gottes am selben Tag geboren, getauft und beerdigt wurde. Da ich Ahnenforschung zu den Weisskopfs aus Pratteln betreibe, habe ich in Kirchenbüchern Einträge gesehen, die festhielten, dass einige Mütter unserer Familie während oder kurz nach der Geburt eines Kindes starben. Was ist das Ziel einer solchen Schöpfung durch einen als perfekt beschriebenen Schöpfer?

Man könnte solche Ereignisse auf die Evolution zurückführen – wahrscheinlich hatte die Theorie des «Überlebens des Fittesten» ihre Finger im Spiel und Darwin[57]

---

57 Charles Robert Darwin (*1809; †1882), war ein britischer Naturforscher. Er gilt wegen seiner Beiträge zur Evolutionstheorie als einer der bedeutendsten Naturwissenschaftler.

hatte doch recht. Vielleicht war es auch menschliches Versagen oder eine Fehlentscheidung eines Mitmenschen. Aber gläubige Christen interpretieren solche Ereignisse oft als Werk Gottes. Sei es als Bestrafung, Test oder Vorbereitung auf Grösseres – irgendeine Erklärung passt immer.

Wenn ich aber die Schöpfung hinterfrage, hinterfrage ich auch das gesamte Konstrukt vom Schöpfer und damit den Glauben an Gott. Und doch ist ein Glaube an Gott in vielen anderen Situationen hilfreich. Muss ich also in den sauren Apfel beissen und akzeptieren, dass das Perfekte nicht so perfekt ist, nur um mir den Glauben an das Leben nach dem Tod, das Paradies und die Ewigkeit zu bewahren?

Eine weitere Grundsatzfrage betrifft die Existenz von Seele und Geist. Ich gehe davon aus, dass die Evolution wissenschaftlich fundiert ist, während die Existenz einer Seele weder bewiesen noch widerlegt ist. Je nach Lebensphilosophie und Zeitperiode wurden Seelen nur Menschen zugeschrieben oder auch auf anderes Leben übertragen. Aber warum so kompliziert? Eine ewig lebende Seele benötigt immer wieder vergängliche «Transportmittel» in Form eines Körpers. Gott schuf am sechsten Tag der Schöpfung den Menschen, nicht die Seele. Oder anders gefragt: Welchen Nutzen hat eine Seele? Für die Nahrungsbeschaffung? Für die Nahrungsaufnahme? Fürs Überleben? Für die Fortpflanzung? Antwort: Keinen, keinen, keinen und keinen. Die Seele ist nicht greifbar, man sieht sie nicht und sie existiert wahrscheinlich nur in unseren Köpfen. Ich finde weiterhin, die Evolution gibt mir auf meine Fragen viel klarere Antworten.

Wie bereits in der Einleitung dieses Buches erwähnt, sind dies meine Gedanken, und ich habe diese Fragen nie wirklich intensiv recherchiert. Durch gelegentliche Lektüre weiss ich jedoch, dass sich Wissenschaftler und Wissenschaftlerinnen und Experten und Expertinnen ähnliche Fragen stellen. Bisher wurden keine Beweise gefunden, die eindeutig in die eine oder andere Richtung weisen. Wäre dies der Fall gewesen, hätten wir sicher davon gehört – solche Erkenntnisse wären zu bahnbrechend und weltbewegend, um nicht kommuniziert zu werden.

Oder will man den Status quo aufrechterhalten, um alte Theorien nicht revidieren zu müssen? Vielleicht müsste man viele Bücher rezyklieren und alte Lehren neu bewerten. So aber kann sich jeder seine eigene Wahrheit zurechtlegen und glauben, was er oder sie möchte. Und wie ich zum x-ten Mal betone: Jeder darf an das glauben, was er oder sie will.

Sogar Dokumentationen über Ghosthunter, also Geisterjäger, werden im Fernsehen ausgestrahlt. Ich meine, dass wir keine künstliche Intelligenz benötigen, um Illusionen zu kreieren – wir wissen bereits, wie es im Kopf gemacht wird. Eine wirklich bemerkenswerte Fähigkeit!

Die Hoffnung stirbt zuletzt

Wenn ich am Start eines Marathons stehe, hoffe ich, wie viele meiner Mitläufer, dass ich ihn gut und ohne grössere Probleme bewältige und gesund ins Ziel komme.

An meinem Arbeitsplatz sagte ich meinen Mitarbeitenden immer: «Hoffnung ist keine Strategie.» Denn bei der Erstellung eines Betriebsbudgets wird nicht einfach eine beliebige Zahl auf ein Blatt Papier geschrieben und darauf gehofft, dass sie irgendwie erreicht wird - vielleicht durch göttliche Fügung. Stattdessen werden zahlreiche Faktoren berücksichtigt: Veränderungen des Marktes, verfügbare Ressourcen, Serviceleistungen der Zulieferer und so weiter. Um dieses Budget dann zu erreichen, braucht es einen Plan, der den Weg zum Erfolg beschreibt und aufzeigt.

Um einen Marathon erfolgreich zu bewältigen, verfolgte ich einen ähnlichen Ansatz. Ich verliess mich nicht auf blosse Hoffnung, sondern auf einen fitten Körper und Durchhaltevermögen. Dafür erstellte ich mir einen Trainingsplan, hielt mich daran und rackerte mich ab.

Am Wettkampftag musste ich das trainierte Wissen einfach umsetzen. Der Kopf entschied dann, ob ich bereit war – natürlich in Zusammenhang mit einem gesunden

Am Ziel des ersten Jungfrau Marathon 2015 mit Marc.

Körper – und ob ich es schaffen würde oder nicht. Ein Scheitern, sei es das Nicht-Erreichen des Ziels oder des Budgets, lässt sich nie allein darauf zurückführen, dass man nicht gehofft hätte. Es liegt vielmehr an Umständen, die bei der Planung unberücksichtigt blieben.

Das heisst jedoch nicht, dass es keine Situationen im Leben gibt, in denen Hoffnung angebracht ist. Jeder Mensch entscheidet selbst, wie er in solchen Momenten damit umgeht. Es gibt Läufer, die vor dem Start eines Marathons zum Himmel blicken und um Kraft «von oben» bitten, obwohl die meisten sich – wie ich – ebenfalls gut auf den Lauf vorbereitet haben.

Da sich die Hoffnung im Kopf abspielt, ähnelt sie dem Glauben: Man glaubt oder hofft auf die eigenen Fähigkeiten und malt sich den Zieleinlauf in den schönsten Farben aus. Oder man glaubt/hofft, dass man von oben herab oder aus einer anderen Quelle einen Push bekommt. Woher die Motivation kommt, ist letztlich zweitrangig. Es ist nicht der Motivationscoach, der einen über die Ziellinie trägt, sondern das, was er uns vermittelt und woran wir glauben. Dass wir daran glauben, ist logisch - schliesslich haben wir dafür viel Geld bezahlt. Und ist jemand einige Sekunden oder Minuten schneller als zuvor, glaubt er oder sie auch zu wissen, warum.

Eigenmotivation und Glaube im Vergleich: Ob man sich an einen «übermächtigen» Motivator wendet oder an einen Motivationscoach, beides kann dieselbe Wirkung entfalten. Man glaubt, zusätzliche Kräfte freisetzen zu können. Schlussendlich finden beide Prozesse im Kopf statt.

Versetzen wir uns einige Jahrtausende zurück. Etablierte medizinische Fachkräfte gab es damals noch nicht. Oder doch? Schliesslich spricht man in verschiedenen Kulturen von einem Medizinmann. Hatte dieser Medizinmann wirklich Ahnung von Medizin? Es darf angenommen werden, dass er Kenntnisse über gewisse Kräuter, Wurzeln und andere natürliche Heilmittel hatte – Wissen, das ihm überliefert wurde oder welches er sich durch «Trial and Error»[58] angeeignet hatte.

Übrigens, schon die Neandertaler hatten Kenntnisse von der heilenden Wirkung bestimmter Pflanzen.

---

58 «Versuch und Irrtum»: Ein weitläufiger Begriff in vielen Industrien, wenn man etwas einfach ausprobieren will.

Der Medizinmann – Hoffnungsträger und geistliches Oberhaupt: Ich glaube, dass der Medizinmann vor allem Hoffnung auf Genesung verbreitete. Er schenkte dem Patienten und dessen Angehörigen den Glauben, dass alles wieder gut wird oder gut werden könnte. Der Medizinmann war oft auch das geistliche Oberhaupt eines Stammes oder einer Gemeinschaft. Mit den ausgeführten Ritualen brachte er eine höhere Macht ins Spiel und verstand es, mit dieser höheren Macht zu kommunizieren. Bei der Genesung des Patienten wurde der Medizinmann für sein Wissen und seine Kommunikation mit dem Übermächtigen gedankt. Bei Nichtgenesung hatte er stets eine Erklärung bereit: «Es war für den Patienten an der Zeit, in ein anderes Leben überzugehen, dort wird es ihm auch gut gehen.»

Medizinmann der Sioux Indianer 1898 USA (Berufe dieser Welt)

Was mich immer wieder erstaunt, ist die Interpretation schwerer Schicksalsschläge als Prüfung des Glaubens. Mein Schwager, Audreys Bruder, verlor seinen ersten Sohn im zarten Alter von nur drei Monaten. Schon damals – nicht an das Konzept Gott glaubend – hinterfragte ich, warum dies einer Familie passiert, die sich für alles Erreichte, für jedes Essen, jedes Geschenk und jeden vollendeten Tag bei Gott bedankt. Eine Familie, die in der lokalen Glaubensgemeinschaft sehr aktiv ist und als Vorbild für gute Christen gilt. Sollte dies nicht eher Ungläubigen - sogenannten Gotteslästerern wie mir - widerfahren?

Mein Schwager interpretierte den Verlust seines Sohnes als Prüfung durch Gott. Mit dem Tod des Kindes, so meinte er, habe Gott ihn auf die Probe gestellt, um ihn einen besseren Christen zu machen. Das einschneidende Erlebnis wurde für ihn zum Anlass für positivere Zeiten. Nach einem solchen Erlebnis zu glauben, dass in Zukunft alles besser wird - ja, nach dem Verlust des eigenen Kindes, - kann es eigentlich nur noch bergauf gehen. Die Hoffnung auf einen zweiten Sohn wurde schliesslich erfüllt, und das «daran glauben» führte zum Erhofften.

Aus der Sicht des ersten Sohnes war es tragisch, dass er nur drei Monate in dieser Welt verweilen durfte. Mir wurde jedoch erklärt, dass er in diesen drei Monaten sündenfrei geblieben sei und somit direkt in den Himmel kam. Ausserdem, so meinten Angehörige, freue sich Audreys verstorbene Mutter im Himmel auf den kleinen Sprössling. Was ihr auf Erden vorenthalten wurde – Grossmutter zu werden – dürfe sie jetzt im Himmel erleben. Da soll mir noch einer sagen, dass Religion, inklusive des Glaubens an Gott, keine faszinierende Sache ist.

Was ich an vielen Orten und bei verschiedenen Religionen gesehen habe, lässt mich zum Schluss kommen, dass Hoffnung eines der wichtigsten Puzzleteile ist, warum Menschen sich Gott oder einer Religion zuwenden. Moderne Spitzensportler und Spitzensportlerinnen betreiben mentales Training und glauben fest daran, ihre gewünschte Leistung zur rechten Zeit abrufen zu können. Die alten Griechen baten ihre Götter in Olympia um dasselbe. Der Unterschied? Beide schöpfen Hoffnung aus unterschiedlichen Quellen - der eine von seinem Coach, der andere aus dem Glauben an eine höhere Macht.

Diese Hoffnung ist bei Gläubigen in irgendeiner Form immer vorhanden. Aber – Gläubige? Sind nicht auch diejenigen, die an sich selbst glauben, ohne einer Religion anzugehören, ebenfalls Gläubige? Meine positive Einstellung am Marathonstart und der Glaube daran, dass ich es gesund ins Ziel schaffen werde – ohne dafür Gott zu danken – macht mich für viele Gläubige dennoch zu einem Nicht-Gläubigen.

Mein Vermerk, dass ich mich mit unermüdlichem Training auf den Lauf vorbereitet habe und diesen selbst gelaufen bin – ohne von Gott getragen zu werden – wird als Gotteslästerung abgetan. Dabei finde ich, dass ich an mich und meine Fähigkeiten glauben darf und darauf vertrauen darf, dass sie ausreichen. Ich fühle mich berechtigt, stolz auf meine Leistung zu sein und die Anerkennung dafür zu erhalten – und nicht jemand anders, von dem ich nicht einmal weiss, ob er überhaupt existiert.

Nun möchte ich für den nächsten Abschnitt etwas vom Thema abschweifen, um später auf die Hoffnung zurückzukommen. Es geht um meine Grossmutter. Oma – wie wir sie nannten – kann in einem Buch, dessen Autor ich bin, nicht nur eine Randnotiz sein. Warum sie gerade hier, im Zusammenhang mit Hoffnung, so gut passt, wird sich später zeigen.

Oma = Vorbild = Respektsperson = Alphatier = Familienoberhaupt. Sie hat mir und anderen immer viel gegeben, darunter Ratschläge und weise Sprichwörter, die oft erst später im Leben Sinn machten.

Als Kind war jedoch etwas anderes besonders wichtig: Es gab zehn Franken für jeden Sechser im Schulzeugnis. (Für deutsche Leser: In der Schweiz ist eine 6 die Bestnote!). Zehn Franken, zu einer Zeit, als die Fünfer-Mocken wirklich noch fünf Rappen wert waren und ein Carambar noch zehn Rappen kostete! Good old Seventies!

Übrigens: In den 1970er-Jahren wurden Kinder mit Tendenzen zur Überbegabung nicht immer gefördert. Dafür hat Oma immer mächtig geblecht. Wir freuten uns beide über die guten Schulnoten. Oma, weil sie immer wusste, dass aus mir etwas «Gescheites» wird, und ich, weil ich wieder ein paar Franken mehr auf meinem Konto hatte.

Meine Oma pflegte und förderte traditionelle Werte. Ende der 1930er-Jahre war es keine grosse Überraschung, dass sie einen gleichgesinnten Mann fand. Während des Zweiten Weltkriegs leistete Opa Aktivdienst in Basel – natürlich immer mit Blick nach Norden, wo die «Bösen» heranstürmen sollten. Ironischerweise waren es dann aber die Amis, die nicht genau wussten, wo die deutsch-schweizerische Grenze verlief, und einige Bomben[59] in der Nähe abwarfen, wo Opa die Feldpost organisierte.

Die Erlebnisse im Aktivdienst während des zweiten Weltkriegs waren sicherlich einer der Gründe, warum auch

Opa konservative, traditionelle und patriotische Werte vertrat. Ausserdem war er ein begeisterter Sportsmann, für den das Vorturnen am Eidgenössischen Turnfest das Allerhöchste war – seinen Erzählungen nach fast noch bedeutender als die Teilnahme an olympischen Spielen. Er war sehr naturverbunden und bestieg einige Viertausender der Alpen. Ich sah in ihm für vieles ein Vorbild und so prägte auch er meine Jugend.

Hochzeitfoto von Oma und Opa Elisabeth geb. Bielser und Jakob Weisskopf, 23.Februar 1939.

Ach ja, kommen wir zum Punkt: Opa war der einzige Sohn eines einzigen Sohnes, der wiederum auch ein einziger

59 Bombardierung von Basel am 4. März 1945.

Sohn war. Es ging ganz einfach um die Weiterführung unseres Familienzweigs des Stammbaums. Meine Oma erfüllte ihre Aufgabe kurz nach dem Ausbruch des Zweiten Weltkriegs, indem sie dem damals letzten Weisskopf unseres Astes einen Sohn gebar – meinen Vater. Dieser neue «letzte Weisskopf» hiess – wie viele andere Weisskopf-Männer vor ihm – Jakob, im Baselbiet auch «Schaggi» genannt.

Mit dieser Tradition im Rücken wusste mein Vater, was zu tun war: Er löste seine Aufgabe ebenfalls mit Bravour und zeugte einen Sohn – mich, den Erstgeborenen. Eine Schwester folgte bald darauf, und auch meine Eltern hatten somit das «Minimum Soll» erfüllt. Da meine Grosseltern oft weit reisten, hatten beide einen weiten Horizont und waren offen für andere Kulturen. Als ich Ende der 1980er-Jahre nach Asien ging, war dies für sie kein grosser Schock. Doch bevor ich meine erste Frau heiratete, war eine der ersten Fragen: «Welcher Religion gehört sie an? Und werden die Kinder getauft?»

Meine Oma liess mich schon früh wissen, wie wichtig es sei, unseren Familienzweig fortzuführen. Sie sagte dies immer mit der Einleitung: «Es wäre schön, wenn…» Aber alle Familienmitglieder wussten, dass, wenn Oma etwas sagte, es nicht nur «schön wäre, wenn», sondern ein starker Wunsch war, der – wenn möglich – mit allen Mitteln erfüllt werden sollte. Die eingeheiratete Chefin des Clans, übrigens halb Deutsche, hatte gesprochen!

Ähnliche Worte hörte ich merkwürdigerweise nie von meinem Opa, obwohl er der direkte Nachkomme unseres Stammvaters Niclaus Weisskopf[60] war, der 1642 in Pratteln eingebürgert wurde. Vielleicht hatte Opa akzeptiert, dass er zu Hause nicht viel zu sagen hatte. Vielleicht war es ihm auch einfach egal. Ich fand es nie heraus. Er starb, bevor er das freudige Ereignis, Urgrossvater zu werden, erleben konnte – unwissend, ob die Tradition mit einem Stammhalter weitergeführt werden würde.

Meine erste Tochter, somit kein Stammeshalter, wurde in der Schweiz geboren, und es war ein Ereignis, wie es bei Geburten so ist. Das Kind war schön, hatte vor allem europäische Gesichtszüge und war für ein paar Wochen der Mittelpunkt der Familie. Kurz darauf nahm ich ein Angebot als Küchenchef in Karachi, Pakistan, an – was für meine Oma absolut kein Problem war, da ich mit einer Christin verheiratet war, die zeugungsfähig war und mir weitere Kinder schenken würde. Oma konnte es sich allerdings nicht verkneifen, mir ein weiteres Mal mitzuteilen, dass sie hoffte, das nächste Kind werde ein Sohnemann. Sie sagte dies in einem Ton, als wäre dies ihr letzter und einziger Wunsch vor ihrem Ableben. Nachdem sie mir diesen Wunsch mitgeteilt hatte, lebte sie immerhin noch neun Jahre, bis sie im stolzen Alter von 95 Jahren friedlich einschlief.

Wie es leider oft bei älteren Menschen der Fall ist, setzte auch bei meiner Oma ein gewisser Gedächtnisverlust

---

ein; vielleicht fand sogar ein bewusstes oder unbewusstes selektives Erinnern oder vergessen statt. Meine zweite Tochter kam zwei Jahre später in Karachi zur Welt, und im Gegensatz zum ersten Kind wussten wir schon im Voraus, dass es ein Mädchen werden würde. Unser Wunsch war es, sie Jacqueline zu nennen.

Nach der Geburt griff ich freudig zum Telefon. Ich war mir damals absolut nicht bewusst, was dann geschehen würde. Ich rief meine Oma an, um ihr mitzuteilen, dass sie das vierte Mal Urgrossmutter wurde – meine Schwester hatte damals ebenfalls schon zwei Kinder. Ich sagte ihr, dass wir unserer Tochter den Namen Jacqueline gegeben haben. Doch selektives Zuhören oder was auch immer im Kopf meiner Oma vorging, liess sie ausrufen: «Schaggi, ein Bübchen, grossartig!» Ich korrigierte sie und sagte, dass es ein Mädchen sei, Jacqueline (Schagglin). Oma bestätigte jedoch ihre eigene Version: «Ich sagte ja, Schaggi.» Jahrzehntelang hatte sie ihren Mann und ihren Sohn – meinen Vater – Schaggi genannt. Damals waren die Namen, die man seinen Kindern gab, noch sehr geschlechtsspezifisch, und deshalb ordnete Oma den Namen Schaggi einem Jungen zu. Übers Telefon wird das nichts bringen, dachte ich mir. Wir würden die Sachlage beim nächsten Besuch in der Schweiz klären.

Der nächste Besuch fand allerdings ohne die Kinder statt, und der Zustand meiner Oma wurde nicht besser. Sie blieb im Glauben, dass es für die über-, übernächste

Generation der Weisskopfs einen Stammhalter gab. Leider ging meine erste Ehe bald nach der Geburt von Jacqueline in die Brüche, und Oma bekam Jacqueline nie zu Gesicht – das einzige von insgesamt sechs Urgrosskindern, dass sie nie gesehen hatte. Ihr Zustand verschlechterte sich weiter, und ihr Kurzzeitgedächtnis war bald nicht mehr präsent, sodass man ihr nichts Neues oder Nachhaltiges mehr erzählen konnte. Sie erfreute sich dennoch an den sporadischen Besuchen, die ich ihr abstattete, wenn ich in der Schweiz war. Bei der Frage nach den Kindern und wie es ihnen gehe, musste ich zum Glück nie lügen. Sie blieb im Glauben, dass sie einen Urenkel habe.

Nun, was will ich damit sagen? Hoffnung ist wichtig. Meine Oma hoffte auf einen Urgrosssohn, der unseren Zweig des Weisskopf-Stammbaums in die nächste Generation führen würde. Ich bin der Meinung, dass es nicht falsch war, sie im Glauben zu lassen, so dass ihr Wunsch, ihre Hoffnung in Erfüllung ging. Das ist doch wunderschön, und so sollte Hoffnung und Glaube sein: An etwas glauben, das einen erfüllt und Ruhe bringt. Ob dieser Glaube Christentum, Hinduismus oder Islam heisst, ist dabei Nebensache.

Ich habe meine Oma bewusst oder unbewusst im Glauben gelassen, dass ihre Hoffnung in Erfüllung ging. Es war sicherlich keine Absicht von meiner Seite, doch das Resultat finde ich im Nachhinein grandios.

Meine älteste Tochter, die bei ihrer Heirat ihren Mädchennamen behalten hatte, hat vor ein paar Jahren einen Sohn geboren. Dieser trägt den Familiennamen Weisskopf-Warren. Die Hoffnung meiner Grossmutter wurde 17 Jahre nach ihrem Tod doch noch Realität: Der Zweig unseres Weisskopf-Stammbaums hat einen Stammhalter mit Familiennamen «Weisskopf» gefunden.

Meine Oma wird, solange meine Schwester und ich leben, noch oft in Erinnerung gerufen werden. Da sie uns so viel Weisheit auf den Lebensweg mitgegeben hat, hat sie sich in uns unsterblich gemacht. So viel noch zum vorletzten Kapitel.

Placebo, oder...?

Wenn ich krank bin, wünsche ich mir, wie wahrscheinlich die meisten Menschen, bald wieder gesund zu werden. Heisse Hühnerbrühe, Honig-Ingwer-Tee, Medikamente oder ein Besuch beim Arzt helfen dann meistens. Man glaubt, dass man sich in irgendeiner Weise von der Krankheit erholen wird. Auch da bin ich davon überzeugt, dass die mentale Einstellung eine entscheidende Rolle spielt und sich Teil der Genesung im Kopf abspielt. Dr. Eckart von Hirschhausen, von dem ich ein riesiger Fan bin, ist nur einer von vielen Ärzte-Fachkräften, die dies betonen. Oft ist es nicht nur die medizinische Behandlung, die einen kranken Menschen gesund macht. Natürlich helfen Kräuter und Medikamente nachweislich. Doch wenn es im Kopf nicht stimmt, wird es oft sehr schwierig. Logischerweise ist bei einem Beinbruch ein fachmännischer Eingriff im OP nötig, um die Knochen zu richten und diese wieder zusammenwachsen zu lassen. Wie gut jedoch die Rehabilitation verläuft, bestimmt zur Hälfte der Kopf und nicht nur der Physiotherapeut.

Es kann vorkommen, dass der Kopf sogar die Ursache einer Krankheit ist. Ein Beispiel: Sicher haben alle schon mal gehört, dass sich etwas «schwer auf den Magen schlägt», wie zum Beispiel Lampenfieber. Der Magen entscheidet sich jedoch nur dann, dass er sich nach oben entleeren will, wenn ihm etwas Falsches zugeführt wurde. Denn eigentlich trägt der Magen nichts zum Gelingen der zu spielenden Hauptrolle an der Uraufführung im Dorftheater bei. Im Kopf werden ungewöhnliche Gedankengänge vollzogen, die eine Reaktion auf andere Organe auslösen können. Wiederholte und intensive Gedanken wie «Es wird mir übel beim Gedanken, vor fremdem Publikum aufzutreten...» können tatsächlich Reaktionen wie Erbrechen auslösen. Stellen Sie sich vor, gutes Zureden hilft nicht und eine Vertrauensperson gibt Ihnen eine Beruhigungstablette. Diese Tablette schmeckt nach Traubenzucker, aber man versichert Ihnen, dass sie beruhigend wirkt. Man versichert Ihnen zudem, dass Sie nichts zu befürchten haben und Sie sich gut auf die Hauptrolle vorbereitet haben. Obwohl Sie nur Traubenzucker geschluckt haben, tritt die Beruhigung trotzdem ein - gesteuert durch den Kopf. Das ist der Placebo-Effekt.

Studien mit Placebos bestätigen, dass mit «daran glauben» viel erreicht werden kann. Der Glaube, dass man ein Paracetamol schluckt und in einigen Minuten keine Kopfschmerzen mehr haben wird, funktioniert oft auch dann, wenn man unwissentlich eine neutrale Substanz geschluckt hat. Dr. Eckart von Hirschhausen beschreibt ähnliche Experimente in einem seiner Bücher[61].

---

61 Wunder wirken Wunder, Rowohlt Verlag, GmbH

Nun folgt eine provokante Frage, und ich begebe mich jetzt wohl auf dünnes Eis: «Ist der Glaube an Gott ebenfalls Placebo?» Was, wenn es Gott tatsächlich nicht gibt und die Idee des Retters, des Heilers, des Allmächtigen wirklich nur in unseren Köpfen existiert – in den Köpfen der Gläubigen? Wäre das nicht der ultimative Placebo-Effekt? Warum also sollte man einer gläubigen Person den Glauben an eine Heilung durch Gott oder mit Gottes Hilfe nehmen? Jedes gemeinsame Gebet und jede entsprechende Bitte um Heilung, jedes appellieren an eine Genesung kann in diesem Falle nur guttun und keinen Schaden anrichten. Jede Kommunikation mit Gott könnte somit ein weiterer Schritt zur Linderung der Schmerzen sein.

Sollte sich die Kirche nicht aktiver in der Patientenbetreuung einbringen und nicht erst auf der Palliativstation tätig werden? Eine bessere Gesundheit und schnellere Genesung könnten schliesslich Einsparungen im Gesundheitswesen bedeuten. Vielleicht sollte sogar ein Teil der Kirchensteuer an die Krankenkassen gehen?

Ein kurzes Kapitel, ich weiss. Den Glauben an Gott mit einem Placebo-Effekt zu vergleichen, ist gewagt. Doch da mich dieser Gedanke beschäftigt und ich ihn für wichtig halte, wollte ich ihn trotzdem kurz ansprechen. Ich glaube, dass auch hier ein Glaube an Gott nur positive Auswirkungen auf unser Leben haben kann.

Aberglaube

Ist Aberglaube Glaube? Eine Antwort vorweg: Ja, ich denke schon. Wie ich bereits mehrmals erwähnt habe, geht es bei der Frage nach dem Glauben oft um den Glauben an einen Gott. Man kann jedoch auch an andere Dinge glauben, wie zum Beispiel an Aberglauben.

Im Gegensatz zum Glauben wird Aberglaube oft als etwas Negatives beschrieben und bewertet. Zum Beispiel glaubte man, dass Krankheiten und Unfälle durch dunkle, dämonische Mächte verursacht werden, oder dass Glück erzwungen werden könne, indem man einen Pakt mit dem Teufel abschliesst. Aberglaube ist auch ein Synonym für Hexerei und Ketzerei. So wurde im Mittelalter eine schwarze Katze oft als Verbündete des Teufels oder der Hexen angesehen. Frauen, die angeblich dämonischen Mächte herbeibeschworen, wurden bekanntlich nicht ungestraft gelassen. Der Scheiterhaufen liess grüssen, und viel Holz wurde so für einen unnötigen Zweck verbrannt. Zudem frage ich mich, ob eine solche Aktion – ich meine, einen Menschen bei lebendigem Leib auf dem Scheiterhaufen zu verbrennen – als wirklich christlich eingestuft werden kann.

Was in den Geschichtsbüchern jedoch seltener erwähnt wird: Man brachte auch die Katzen um. Die Katze im Mittelalter = Nagetier-Polizei = Nagetier-Bevölkerungs-Kontrolle. Die Nager freuten sich jedenfalls, und «Wenn die Katze nicht im Hause ist, so tanzen die Mäuse» wurde damals nicht nur sprichwörtlich umgesetzt. Durch die fehlenden Feinde vermehrten sich die Nager rasant. Die Verbreitung von Krankheitserregern und Seuchen, die die Ratten mit sich herumschleppten, nahm dramatisch zu und ging Hand in Hand mit dieser Entwicklung.

Aberglaube, so wie er im heutigen Alltag verstanden wird, ist heutzutage weniger verbreitet. Was kann aber die schwarze Katze dafür, dass sie schwarz ist, kein Verständnis für Links und Rechts hat und ganz einfach von A nach B will? Soll ich der Katze aus dem Wege gehen, damit sie kein Unglück verbreitet? Ich habe selbst entschieden, dass eine schwarze Katze von links kommend kein Unglück bringt. Hier sei bemerkt, dass in meinem näheren sozialen Umfeld auch nicht alle Mitmenschen immer genau wissen, wo es nach links oder nach rechts geht! Wenn eine Katze aus dem «falschen» rechts erscheint – kündet sie dann wirklich Unheil an?

Der individuell gewählte Glücksbringer ist heute noch ein Zeichen von Aberglauben. Wenn jemand seine speziellen Glücksbringer-Socken zum Fussballspiel anzieht, um zu gewinnen, wird der Kopf vielleicht tatsächlich ein paar Joules Energie in den Fussgelenken freisetzen. Eine gute Sache.

Hier aber ein paar Anregungen zum Nachdenken: Scherben bringen angeblich Glück. Nach über 40 Jahren im Gastgewerbe frage ich mich: Glück für wen? Vermutlich für die Buchhalter der Kleininventar-Lieferanten und die Notfall-Kliniken. Scherben im Gastgewerbe bedeuten mehr Arbeit, Investitionen für neue Gläser und leider auch Schnittwunden und sogar Zahnarztrechnungen.

Mit dem linken Fuss die Tenniscourt-Linie zu überqueren oder dreimal auf dem linken Bein aufs Fussballfeld zu hüpfen, bringt einigen Sportlern und Sportlerinnen Glück. Glücklicherweise funktioniert das nicht immer – dem Unterhaltungswert zuliebe. Stellen Sie sich vor, wenn es beide Tennisspieler machen würden und beide gleich viel Glück hätten – es gäbe nur noch endlose Tiebreaks. Und beim Fussballspiel nur noch endlose Elfmeterschiessen.

Unter einer Leiter durchzulaufen ist für mich eher ein Sicherheitsrisiko als ein Unglücksbringer.

Auch wurde mir dargelegt, dass Spaghetti und Nudeln nie geschnitten werden dürfen und immer ganz gegessen werden sollen, damit man ein langes Leben geniessen kann. Eine geschnittene Nudel repräsentiert den Schnitt des Lebens. Ich erinnere mich noch gut an meinen 30. Geburtstag, gefeiert in Asien: Die Spaghetti durfte ich nicht schneiden, damit ich alt werde. Seitdem müsste ich mich nicht mehr darum kümmern, wer an der

Strassenkreuzung Vorfahrt hat. Ich könnte einfach zufahren, ohne zu schauen – schliesslich werde ich ja alt, weil ich die Spaghetti ohne zu schneiden gegessen habe!

Im fernen Osten ist das ohnehin eine Gratwanderung zwischen Glauben, Aberglauben, Feng-Shui und Kultur. Man muss aufpassen, dass man mit leichtsinnigen Aussagen seine neu gewonnenen Freunde nicht beleidigt, weil man denkt, es handle sich «nur» um Aberglauben.

Yi Sang, ein Gericht, das in Malaysia vor allem von der chinesischen Bevölkerung während des Mondneujahrs gegessen wird, symbolisiert dies eindrücklich. Jedes einzelne der meist rohen Zutaten hat einen symbolischen Wert, der die Lebensqualität im kommenden Jahr verbessern soll. Das Gericht wird an einem, wenn möglich, runden Tisch mit acht Personen gegessen – und zwar dreimal während der zwei Wochen von Neumond bis Vollmond des neuen Jahres. Immer in der Hoffnung, dass dabei keine Magenverstimmung auftritt – denn das wäre ein Zeichen, dass es ein schlechtes Jahr geben würde.

Während ich meine Lehre als Koch absolvierte, wurde mir früh eingeprägt, dass ich einen Beruf im Dienst der Gesundheit erlerne. Seit gut 30 Jahren weiss ich nun, dass ich es in der Hand habe, für meine Gäste, die Yi Sang bestellen, die Weichen für ein glückliches Jahr zu stellen.

Die chinesische Astrologie ist um einiges komplexer, als es im Westen angenommen wird. Es geht nicht nur um die 12 Sternzeichen, sondern auch um die fünf verschiedenen Elemente, die Himmelsrichtungen, Yin und Yang, die zehn Himmelsstände und natürlich auch die 12 Erdzweige – besser bekannt als die Tiere des chinesischen Sternzeichens oder des entsprechenden Jahres. Ohne zu sehr ins Detail zu gehen und ohne Vorkenntnisse der chinesischen Astrologie, folgt hier eine kurze Einführung. Es soll zum besseren Verständnis des Folgenden dienen – einer traurigen Realität, die leider mit Zahlen belegt ist.

Jedes der 12 Tiere des chinesischen Sternzeichens besitzt spezifische Attribute und Eigenschaften, ähnlich wie in der westlichen Astrologie. Zum Beispiel gilt der Drache unter anderem als geistreich, die Schlange als schlau und das Pferd als ungeduldig. Die fünf Elemente beeinflussen ebenfalls Charaktereigenschaften von Personen und Ereignisse, die sie in einem Jahr erwartet können oder bereits stattgefunden haben. So ist das Feuer zum Beispiel voller Energie und Dynamik, zudem kampf- und streitbereit. Die 12 Tiere wechseln jährlich und erzeugen somit einen 12-Jahres-Rhythmus, während die Elemente nur alle zwei Jahre wechseln. Das bedeutet, dass die Elemente einem 10-Jahres-Rhythmus wiederkehren. Zusammengenommen ergibt sich ein 60-Jahre-Zyklus, in dem dieselbe Konstellation aus Tierzeichen und Element ein Jahr prägt. Manche Kombinationen gelten als besonders günstig andere hingegen als äusserst ungünstig.

Ein Beispiel für eine solche ungünstige Konstellation ist das Jahr des Pferdes in Kombination mit dem Element Feuer, das als das Jahr des «Feuerpferdes»[62] bezeichnet wird. Dieses Jahr gilt traditionell als besonders ereignisreich, vor allem im negativen Sinne. Das grosse Erdbeben von San Francisco im Jahr 1906 wird beispielsweise dieser Konstellation zugeschrieben.

Leider führt der Glaube an die Unglücksbedeutung des Feuerpferdes auch zu realen, tragischen Konsequenzen. Im Jahr des Feuerpferdes wird besonders davon abgeraten, Kinder zu bekommen – insbesondere Mädchen, da man glaubt, sie könnten der Familie Unheil bringen. Diese Kinder, so sagt man, seien rebellisch, ungehorsam, untreu und mit weiteren negativen Eigenschaften behaftet. Dies führte im Jahr 1966 - ein Jahr des Feuerpferdes - zu einer alarmierenden Zunahme von Abtreibungen und überdurchschnittlich vielen gemeldeten Totgeburten. Viele Eltern wollten das Risiko eines Feuerpferde-Kindes nicht eingehen und suchten nach Möglichkeiten, dieses Problem – oftmals durch «Verhandlungen» mit Ärzten oder Hebammen – auf unauffällige Weise zu lösen. Eltern, die sich dennoch für ein Kind entschieden, mussten oft feststellen, dass potenzielle Schwiegereltern später nicht bereit waren, ihren meist einzigen Sohn mit einem Feuerpferd-Mädchen zu verheiraten. Diese Mädchen galten häufig als «nicht

---

62 Die Jahre 1846, 1906, 1966, 2026, usw...

verheiratbar» – ein schweres Schicksal, das allein auf den Glauben an diese Konstellation zurückzuführen ist.

Da weder die westliche noch die östliche Astrologie wissenschaftlich bewiesen ist, stellt sich erneut die Frage: Ist dies Glaube oder Aberglaube? Was immer es auch ist, viele Menschen haben sich in den Kopf gesetzt, daran zu glauben. Wenn ich meiner eigenen Argumentation folge – dass Glauben im Kopf stattfindet –, muss ich wohl zugeben, dass Aberglaube tatsächlich Glauben ist. Interpretationssache: Ich war kürzlich im Mercedes Museum in Stuttgart und habe dort unter vielem Interessantem auch gesehen, dass Wilhelm Maybach[63] im Jahr 1846 geboren wurde und somit ein Feuerpferd war. Mit der Entwicklung des Verbrennungsmotors hat er tatsächlich mit dem Feuer gespielt. Abergläubische, grün politisierende Mitmenschen könnten dies nun als typische Feuerpferd-Kontribution zur Luftverschmutzung und Klimaerwärmung interpretieren. Motorsport-Enthusiasten und Luxuswagenliebhaber hingegen

Wilhelm Maybach um 1900

63 August Wilhelm Maybach (*1846; †1929) war ein deutscher Konstrukteur und Automobilpionier. Er war Mitbegründer der 1909 gegründeten Maybach-Motorenbau GmbH. Als Mitarbeiters Gottlieb Daimlers entwickelte er den ersten leichten und schnelldrehenden Verbrennungsmotor.

werden Maybachs Beitrag zur Motorisierung in den höchsten Tönen loben.

Der Simplon-Tunnel wurde im Mai 1906 eingeweiht und dem öffentlichen Verkehr freigegeben. Ist es Zufall oder Absicht, dass der Tunnel elektrifiziert wurde, damit keine «Feuerpferde» im Jahr des Feuerpferdes durch den damals längsten Tunnel der Welt fahren mussten? Ironischerweise hatten sich die SBB erst nach dem Durchstich des Tunnels im Jahre 1905 für eine Elektrifizierung des Tunnels entschieden – im Jahr der Holzschlange, welche unter anderem als klug, kreativ und flexibel gilt. Man darf glauben was man will, irgendeine Interpretation lässt sich immer herbeiführen.

Im Jahr 1966 wurde England Fussballweltmeister. Ebenfalls in einem Jahr des Feuerpferdes, was den englischen Fussballanhängern sicher egal war. Die Deutschen Anhänger hingegen erinnern sich wohl nur ans sogenannte «Wembley-Tor»[64] und könnten diese Fehlentscheidung dem Feuerpferd zuschreiben.

Als Holzdrache bin ich zwei Jahre vor dem Feuerpferd geboren. Während des ersten Vierteljahrhunderts meines Lebens war mir nicht bewusst, dass ich mir keine zwei Jahre jüngere Freundin suchen sollte. Als ich mich in China als

---

64 Der Ball springt nach einem Schuss von der Unterkante der Torlatte nach unten, beschreitet dabei die Torlinie möglicherweise nicht vollständig und springt anschliessend wieder ins Spielfeld zurück. Ein solches Tor wurde den Engländer in der Verlängerung des Finales gegen Deutschland gutgeheissen.

25-Jähriger mit der chinesischen Astrologie auseinandersetzte, wurde mir klar, dass ich bei jedem Date zuerst nach Geburtstag und Geburtsort fragen müsste... Blödsinn! Audrey passte laut chinesischer Astrologie nicht zu mir, und trotzdem haben wir es «bis der Tod uns scheidet» geschafft.

Im Februar 2026 beginnt wieder ein Jahr des Feuerpferdes. Glauben die Menschen im fernen Osten und in den China Towns der ganzen Welt heute etwas anders, oder wird das Feuerpferd wieder gemieden? Irgendwo wird sicherlich ein Erdrutsch, ein Vulkanausbruch, ein Erdbeben oder ein Tsunami Menschenleben fordern. Ab dem 17. Februar kann man solche Ereignisse dann wieder einem Sternzeichen der chinesischen Astrologie – deren Ursprung übrigens 4'500 Jahre zurückführt – zuschreiben.

Hier nun die Bemerkung, die ich mir seit Anfang dieses Kapitels fast nicht verkneifen konnte: Wie schon erwähnt, bin ich im Jahr des Holzdrachen geboren. Warum ist das so besonders? Ich bin auf den Tag genau 60 Jahre nach Deng Xiaoping[65] geboren. Ja, genau, ich habe dasselbe chinesische Sternzeichen wie der Mann, der etwa eine Milliarde Chinesen langsam in die sogenannte «moderate Moderne» führte. Was habe ich anders gemacht als Herr Deng? Warum bin ich kein Staatsoberhaupt geworden? Ich habe ihn leider nie getroffen und konnte ihn deshalb auch

---

65 Deng Xiaoping, (*1904; † 1997) war ein chinesischer Politiker und Parteiführer, der die Volksrepublik China von 1979 bis 1997 regierte.

nie danach fragen. Kleines Trostpflaster: Ich durfte vor vielen Jahren für Premier Li Peng[66] kochen – ebenfalls ein ganz wichtiger Chinese und ... ebenfalls ein Drache.

---

66 Li Peng (*1928; † 2019) Nach seiner Zeit als Ministerpräsident der Volksrepublik China und Vorsitzender des Staatsrates von 1987 bis 1998 war er bis 2003 Vorsitzender des Nationalen Volkskongresses der Volksrepublik China.

Muss es der Jakobsweg sein?

Pilgern ist für viele Gläubige eine wichtige Angelegenheit. Am wahrscheinlich bekanntesten ist der Brauch im Islam, wonach jeder Muslim verpflichtend ist, mindestens einmal nach Mekka zu pilgern. Auch Christen haben bedeutende Orte, die sie während ihres Lebens besuchen sollten – Rom, Jerusalem und Santiago de Compostela seien hier als die wichtigsten drei zu nennen. Eine Pilgerreise dient oft dazu Gott die Ehre zu erweisen oder ihn um einen Gefallen zu bitten. Die Bitte könnte sich beispielsweise auf die Heilung eines kranken Kindes beziehen, auf gute und fruchtbare Ernten in den kommenden Jahren, oder sie dient als Vorbereitung für den Tag des Jüngsten Gerichts. Ebenso kann eine Pilgerreise eine Art symbolische Reinigung von begangenen Sünden sein – als ein Zeichen für ein gottesfürchtiges Leben.

Vor nicht allzu langer Zeit war eine solche Pilgerreise für das einfache Volk nur zu Fuss möglich. Das bedeutete, dass man oft wochen- oder monatelang auf dem Weg nach

Kathedrale von Santiago de Compostela

Santiago unterwegs war. Diese Strapazen waren ein Beweis dafür, dass der Glaube an Gott wirklich ernst gemeint war. Die körperlichen Herausforderungen waren dabei nur ein Aspekt; nicht zu vergessen ist der finanzielle Aufwand, der für viele Pilger ebenfalls eine enorme Belastung darstellte. Eine Pilgerreise bedeutete daher immer auch Aufopferung und Verzicht.

Audrey vor dem St. Peters Dom in Vatikan (2013)

Heutzutage ist das deutlich einfacher. Mit dem Auto, der Eisenbahn oder dem Flugzeug ist man schnell in Rom, Jerusalem oder Galizien. Kann ich beispielsweise unsere Kurzreise mit meiner Familie nach Rom, bei der wir in nur sieben Stunden von Bern aus auf Schienen reisten, ebenfalls als Pilgerfahrt werten? Ich denke, nein. Unser Besuch im Vatikan war vielmehr Teil eines touristischen Ausflugs, bei dem wir gut assen, bequem schliefen und keinerlei Entbehrungen erfuhren. Das Hauptziel bestand wohl eher darin, Fotos vor dem Petersdom[67] zu machen und diese auf sozialen Medien zu teilen. Man möchte ja zeigen, dass man ein guter Christ ist.

---

67 Eigentlich, «Basilika Sankt Peter» ist die Memorialkirche des Apostels Petrus. Sie ist eine der sieben Pilgerkirchen von Rom

Bei den Muslimen scheint das jedoch ein wenig anders zu sein. Meine muslimischen Kollegen sprachen nie davon, dass ihre Pilgerreisen mit grossen Strapazen oder Verzicht verbunden waren. Vielmehr betonten sie die spirituelle Bedeutung der Verehrung und die Stärkung ihres Glaubens. Die Pilgerreise nach Mekka folgt einem strikten Protokoll, das festgelegte Gebete und den Besuch bestimmter heiliger Orte umfasst. Nach der Umrundung der Kaaba wird man als von allen Sünden gereinigt betrachtet. Wie ich bereits in einem früheren Kapitel erwähnt habe, kann dies sogar mit einem Freipass in den Himmel gleichgesetzt werden. Wer es sich leisten kann, unternimmt daher oft mehrere Pilgerreisen nach Saudi-Arabien – man weiss ja nie...

Zurück zum Jakobsweg. Die verschiedenen Pilgerwege – nicht alle dürfen offiziell Jakobsweg genannt werden – haben in den letzten Jahrzehnten wieder an Beliebtheit gewonnen. Viele Menschen nutzen den Jakobsweg zur Andacht, zur Selbstreflexion, zur Orientierung, um Gott näherzukommen oder eine spirituelle Erfahrung zu machen. Immer öfter setzen Menschen diese Absicht auf einzelnen Abschnitten des weit verzweigten Jakobsweg-Netzes um. Inzwischen gibt es sogar spezialisierte Reiseveranstalter, die Pilgerreisen mit Begleitung, Gepäcktransport und weiteren Annehmlichkeiten organisieren.

Hat uns Gott nicht durch einen seiner Propheten mitgeteilt, dass er immer bei uns ist und uns den Weg zeigen wird? Warum muss ich mich also auf einen Pilgerweg begeben oder diese sogenannten Pilgerorte besuchen, um meinen Glauben an Gott zu bekräftigen oder um meinen Glauben an Gott sogar zu beweisen? Ist es nicht möglich, dasselbe auf einer Wanderung in den Berner Alpen zu tun?

Drei Monate nach Audreys Tod plante ich eine solche Wanderung. Ich wollte allein sein, fernab der Zivilisation, und mir in Ruhe Gedanken über meine verbleibenden Jahre machen. Meine vier Grosseltern sind im Alter zwischen 69 und 95 Jahren gestorben – eine grosse Bandbreite, die Raum für Spekulationen darüber lässt, wie viel Zeit mir noch bleiben könnte. Ich hoffte, auf dieser Wanderung Klarheit darüber zu gewinnen, wie ich diese verbleibende Zeit sinnvoll gestalten könnte.

Für die fünftägige Tour in den Bergen packte ich etwa 10 kg in meinen Rucksack. Natürlich bedeutete das, dass ich auf einiges verzichten musste. Die Unterkünfte waren meist sehr einfach: Gemeinschaftsduschen, Zähneputzen im

Flur und einmal sogar kein Telefonempfang – für viele Menschen heute vermutlich der grösste Verzicht überhaupt. Es gab eine Phase, in der ich über 20 Stunden keinen anderen Menschen sah. Genug Zeit also,

Eindruck von meiner Wanderung in den Berner Alpen 2021

um über das Wesentliche nachzudenken, ohne durch äussere Ablenkungen gestört zu werden.

Das Ziel meiner Reise war jedoch nicht eine Kathedrale, wo der Legende nach ein Apostel begraben liegt. Stattdessen war es der Moment, in dem ich wusste, dass ich mein persönliches Ziel erreicht hatte. Meine Schlussfolgerung war nicht weltverändernd: Ich kam zur Einsicht, dass ich nicht viel an mir oder meinen Vorsätzen ändern musste – nur einige Prioritäten habe ich seither ein wenig angepasst. Und... dem Thema dieses Buches entsprechend, war diese Einsicht Einstellungssache und ist in meinem Kopf passiert.

Was mir allerdings fehlt, ist ein Diplom, das meinen Aufenthalt in den Berner Alpen und die bewältigten Höhenmeter belegt. Aber musste ich irgendwem irgendetwas beweisen? Nein, ich habe es für mich selbst getan – der Nutzen dieser Erfahrung kam ausschliesslich mir zugute. Genauso sollte es eigentlich einem Pilger auf dem Jakobsweg ergehen. Früher glaubte man es einem Menschen, wenn er sagte, er gehe für ein paar Wochen nach Galicien. Vor 50 Jahren wurden in Santiago de Compostela kaum ein paar hundert Pilgerzertifikate ausgestellt. Heute geht die Zahl der jährlich ausgestellten Zertifikate in den sechsstelligen Bereich. Immer mehr Menschen aus der Unterhaltungsindustrie oder Politik nehmen die Strapazen des Pilgerwegs auf sich – oft nicht aus religiöser Motivation, sondern um Werbung in eigener Sache zu machen oder kommerzielle Zwecke zu verfolgen. Auch das Pilgern bleibt nicht frei von den Fantasien des 21. Jahrhunderts.

Um jedoch nicht alle Pilger in denselben Topf zu werfen, möchte ich betonen, dass ich Menschen respektiere, die mit dem ursprünglichen Gedanken des Pilgerns unterwegs sind. Ich bin überzeugt, dass solche Pilger den Weg vor allem für sich selbst gehen, die gemachten Erfahrungen wertschätzen und nicht viel Aufsehen darum machen. Sie teilen ihre Erlebnisse vielleicht mit Familie und Freunden, aber nicht auf sozialen Medien, um Tausende von «Likes» zu sammeln. Denn die Erwartung, dass ein echter Pilger Posts mit Tausenden von erhobenen Daumen generieren möchte, kann nicht das wahre Ziel einer solchen Reise sein.

Membership

Wie viele meiner Altersgenossen durfte auch ich früh erfahren, dass es Spass macht, mit Gleichgesinnten etwas zu unternehmen. An schulfreien Mittwochnachmittagen spielten wir zum Beispiel «Räuber und Polizist» oder «Indianerlis»[68] – in den 1970er Jahren war dies noch keine kulturelle Aneignung. Diese Aktivitäten fanden im nicht-vernetzten, nicht-Smartphone-Zeitalter draussen statt, oft im Wald. Auch damals hatte man Vorlieben, mit wem man Räuber oder Polizist sein wollte. Man versuchte sich mit den engsten Freunden zusammen zu tun.

In der heutigen Zeit wird ein Handyverbot oft als die schlimmste Strafe für Kinder angesehen. In meiner Jugend war es ein Rausgehverbot am Mittwochnachmittag, was einer ähnlichen Höchststrafe gleichkam. Beide Strafen führten für einige Stunden zu sozialer Ausgrenzung. Im Gegensatz zu heute fand man damals jedoch oft Wege, sich hinauszuschleichen und beim Nachbarskind zu klingeln. Heute wäre das nicht so einfach: Ohne Handy und Google Maps wüssten viele Kinder gar nicht, wo sie hingehen sollten – und selbst wenn, müssten sie erst verstehen, wie eine analoge Türklingel funktioniert.

---

68 Mit selbst gemachtem Pfeil und Bogen gegeneinander gespielt, gezielt und geschossen.

Mir war der Mensch immer als «Herdentier» vertraut. Über die Jahre habe ich nie viel darüber nachgedacht, besonders nicht im religiösen Kontext. Wenn ich aber zurückblicke, fällt mir auf, dass ich in ländlichen Gegenden oft ein Willkommen im Namen Gottes oder Allahs erlebte. Warum? Wollte man betonen, dass man als Gast in einer gottesfürchtigen Gemeinschaft gut aufgehoben war? War das eine Einladung in den «Verein der Gläubigen»?

Schon der Vorgänger des Homo Sapiens lebte in kleinen Gruppen, und unsere Gene scheinen einen «Verhaltenskodex» für Gruppen von etwa 70 Personen zu enthalten. Der Marlboro-Mann ist die Ausnahme und hat, soweit ich sehe, nie einen Trend als einsamen Cowboy setzen können. Zu kleine Gruppen hätten die Fortpflanzung gefährdet und zu Inzucht geführt. Zu grosse Gruppen hätten stabile Beziehungen, Ordnung und Hierarchien erschwert. Dass wir heute noch existieren, zeigt, dass diese Gruppengrösse offenbar evolutionär erfolgreich war.

In der Eiszeit, als das Überleben von Jagen und Sammeln abhing, war das Leben in Gruppen von Vorteil. Obwohl die Arbeitsteilung noch nicht so ausgeprägt war wie heute, war es sicherlich hilfreich, wenn nicht jeder Einzelne alle Aufgaben selbst übernehmen musste. Einige jagten, während anderen sich um die Kinder sorgten, oder Kleidung und Werkzeuge herstellten. Es ist naheliegend anzunehmen, dass es auch damals schon Spezialisten für bestimmte

Aufgaben gab, wie zum Beispiel einen Geistlichen. Man traute diesem Menschen, oft einem Mann, zu, das Bindeglied zu höheren Mächten zu sein.

Was wäre, wenn ich im Dorf zum «Projektleiter für Gottesverehrung» ernannt worden wäre? Ich hätte Zeremonien mit einer unvergleichlichen Dramaturgie inszeniert. Die Verehrung des Höheren hätte etwas Besonderes sein müssen: Spektakuläre Effekte, übertriebene Geschichten und Erzählungen, die den Übermächtigen als unantastbar erscheinen liessen. Damals gab es keine FIS-Weltcuprennen oder Fussball-WMs. Rituale und Zeremonien waren wahrscheinlich die spannendsten und verbindenden Erlebnisse des Jahres. Jeder nahm teil, glaubte daran und fühlte sich zugehörig. Willkommen im zweiten Verein der Menschheit: Der «freien Spiel- und Theatergruppe». Falls Sie sich fragen, welcher der erste Verein war: Es war der «Adventure Survival Club», und mit der Geburt wurde man automatisch Mitglied auf Lebenszeit. Die Mitglieder beider Vereine genossen täglich echte Reality-Shows – live und ohne Werbeunterbrechungen. Entschuldigung, heute nennt man das ja «Konsumenteninformationen».

Unsere DNA hat sich seit der Steinzeit kaum verändert und prägt auch heute noch unser Verhalten. Konflikte, die in einer Gruppe entstehen üblicherweise durch unterschiedliche Meinungen. Daher schliesst man sich in den meisten Fällen der Gruppe an, mit der man sich identifizieren kann, die dieselben Interessen teilt und in der dieselben Werte gelebt werden. Man verteidigt diese Werte, manchmal sogar bis zum letzten Blutstropfen. Auch in diesem Jahrhundert ist das bei manchen Gläubigen nicht anders. Auch heute noch kämpfen Menschen für ihren Glauben, manchmal mit Waffen, obwohl keine Religion wissenschaftlich bewiesen ist. Und dann behaupte ich in meinem Buch auch noch, dass Gott nur existiert, wenn wir ihn in unseren Köpfen erschaffen und so fest daran glauben, dass er dadurch Wirklichkeit wird. Heftige, schwer verdauliche Kost, nicht wahr? Für was kämpft man dann?

Wie schon gesagt, als wir in der Höhle sassen, um die Götter zu besänftigen - in einer Zeit ohne zeitaufwändige Hobbys -, entstand ein enger Bund zueinander. Religion bedeutete Gesellschaft, Überleben, das Richtige tun. Man gehörte zu einer Gruppe Gleichgesinnter. Das ist bis heute so geblieben.

Es ist kaum zu glauben, aber ich war tatsächlich schon für ein paar Stunden im Paradies... «Paradise», wie der Celtic Park auch genannt wird, ist das grösste Fussballstadion Schottlands und wurde für einen religiös motivierten Sportclub gebaut. Fans des Celtic Football Klubs identifizieren sich nicht nur mit der Liebe zum Fussball, sondern auch mit ihrer katholischen, irischen Herkunft. Der Klub wurde von einem irischen Bruder gegründet, um die Armut im Osten Glasgows zu bekämpfen und Jugendliche von der «Strasse» fernzuhalten. Dass der Fussballklub sehr erfolgreich war und immer noch ist, hilft natürlich dabei. Ich nehme an, dass es für einen Schotten, der in Glasgow geboren wurde und irisch-katholische Wurzeln hat, keine Frage ist, welchen Fussballklub er unterstützt. Man möchte oder muss ja zeigen, woran man glaubt und wo man hingehört – und schliesst sich damit auch Gleichgesinnten an.

Audrey vor dem «Paradise» (2016)

In Malaysia, wo der Islam die Hauptreligion ist, aber auch andere Glaubensrichtungen wie Katholizismus, Protestantismus, Hinduismus und Buddhismus vertreten sind, habe ich ähnliche Erfahrungen gemacht. In den sieben Jahren, die ich dort verbrachte, fiel mir auf, dass sich meine Reisegefährten unterwegs immer Gleichgesinnte suchten. Das zeigte sich nicht nur bei der Wahl eines Restaurants, sondern auch bei der Person, die man nach dem Weg fragte. In einer Zeit, in der es noch keine Navigationssysteme gab und man sich oft auf ungenaue, nicht aktuelle Strassenkarten verlassen musste, fühlte sich einer wohler und sicherer, wenn man Menschen traf, die den gleichen Glauben teilten. Man vertraute darauf, dass diese einen nicht täuschen würden, da sie zur selben Glaubensgemeinschaft gehörten und somit «gute Menschen» sein mussten.

Auch ich durfte erfahren, dass ich nicht «nur» eine Frau, sondern gleich eine ganze Familie geheiratet hatte. Eine Familie, die als protestantische Minderheit im Land mit der weltweit grössten muslimischen Bevölkerung lebt. Die Identifikation mit dem Glauben ist dort so stark, dass fast jede Handlung den Glauben miteinbezieht oder hervorhebt. Es versteht sich von selbst, dass mir bei meinen Besuchen immer wieder vermittelt wurde: Nur das Christentum ist der richtige Glauben - und das inmitten von über 200 Millionen Muslimen.

Die Schlussfolgerung vieler Konversationen mit Mitgliedern von Audreys Familie war, dass man nur den Protestanten trauen darf. Mir wurden Menschen nicht nur mit ihrem Namen vorgestellt, sondern auch mit ihrem beeindruckenden Amt, ihrem hohen akademischen Grad und dem Hinweis auf ihre christliche Zugehörigkeit.

Tut man das, um zu zeigen, dass man sich auch als Minderheit behaupten kann, oder will man verdeutlichen, dass die «auserwählten» Gleichgesinnten zu den «Richtigen» gehören? Ich weiss es nicht, und die Familie ist sehr schlecht auf solche Themen anzusprechen – im Stil von «how dare you»[69]. Für junge Menschen in Nord-Sulawesi ist die Kirche mehr als nur ein Ort für langweilige Predigten und monotone Lieder am Sonntagmorgen. Nein, man trifft sich dort auch

---

69 Greta Thunberg hat mit dieser Aussage während dem UN-Gipfel 2019 «Geschichte» geschrieben. Zu Deutsch: «Wie kannst Du es wagen / Wie könnt ihr es wagen»

sonst zu Abenden mit Gleichgesinnten, diskutiert über den Sinn des Lebens, Gott und die Welt – genauso wie sich andere im Pub zum wöchentlichen Dartspiel treffen.

Während der drei Stunden, in denen man Pfeile auf eine Scheibe wirft, gehört man wahrscheinlich zu einer eingeschworenen Gruppe von Gleichgesinnten. Und wenn mein Darts-Kollege Peter von der neu eröffneten Pizzeria mit den besten Pizzas, dem guten Preis-Leistungs-Verhältnis und der grossartigen Bedienung schwärmt, glaubt man ihm sofort. Er ist ja einer von uns – der veräppelt uns nicht.

Ein Friseur, der in seinem Laden ein Fähnchen seines Lieblingsfussballvereins Galatasaray Istanbul[70] aufhängt könnte damit bei potenziellen Kunden punkten. Viele Anhänger des Vereins werden vielleicht denken, «Wenn der schon den richtigen Fussballklub unterstützt, versteht der sicher auch etwas vom Haareschneiden.» Der Friseur wird sich allerdings bewusst sein, dass er nicht viele Fans von Fenerbahçe[71] oder Besiktas[72] bedienen wird. Für Menschen, die sich nicht für Fussball interessieren, spielt das Fähnchen keine Rolle. Vielleicht hat der Friseur aber ein Bild von Burak Özç[73] aufgehängt, dass bei anderen Kunden Zugehörigkeit auslösen könnte – und sie glauben, nach dem Coiffeur-Besuch so auszusehen wie er.

---

70 Fussballclub aus Istanbul und erfolgreichster Fussballclub der Türkei.
71 Ebenfalls ein türkischer Fussballklub aus Istanbul und Rivale von Galatasaray.
72 Der dritte Fussballklub aus Istanbul und ebenfalls Rivale von Galatasaray.
73 Burak Özçivit (*1984) ist ein türkischer Schauspieler und Model.

Wie bereits in vorherigen Kapiteln erwähnt, habe ich sehr unterschiedliche Erfahrungen mit Glaubensaktivitäten gemacht. Diese reichen von gelegentlichen Kirchengängen während meiner Schulzeit bis zu den mehrmals wöchentlichen Treffen der Glaubensgemeinschaft in Manado. Dabei ist mir aufgefallen, dass mit steigendem Wohlstand die religiösen Aktivitäten oft auf sonntägliche Kirchengänge oder das Freitagsgebet reduziert werden. Meine Beobachtung ist, dass wohlhabende Gläubige oft besonders spendabel sind. Manchmal habe ich sogar den Eindruck, dass diese Menschen mit ihren Geldspenden ihr Gewissen beruhigen oder sich gar den Himmel erkaufen wollen. Gehören diese Menschen überhaupt noch zu einer Gemeinschaft? Sind sie nicht einfach die Hauptsponsoren der Glaubensgemeinschaft? Will man mit dem Besuch des Freitagsgebets in der Moschee den Besuch in der Karaoke-Bar mit einer Escort-Dame am Abend zuvor wieder gutmachen? Geht es in erster Linie darum, den anderen Moschee-Gänger zu zeigen, dass man ein guter Muslime ist und seinen Pflichten nachkommt? Und gilt: Je grösser die Spende, desto höher und respektabler das Ansehen in der Gemeinschaft?

Ich hatte lange genug Einblick in solche höheren sozialen Kreise und war oft befremdet über diese Heuchelei. Jeder wusste Bescheid, aber niemand sprach das Unaussprechliche offen aus. Mein Respekt gilt eher jemandem, der sich unauffällig an einem freien Abend einem Koranverständnisabend widmet. Man glaubt an etwas und zelebriert es entsprechend – für sich und sein unmittelbares Umfeld, und nicht, um es anderen zu zeigen.

Als Kind spielte ich im Eishockeyclub der Stadt linker Flügelstürmer. Ja, ich bin gleichwohl ein Stadtmensch, obwohl die Gemeinde damals nur 4'000 Einwohner zählte. Mit der Entscheidung, meine Zukunft im Gastgewerbe zu verbringen, war nach der Schule ohnehin Schluss mit Vereinssport. Ich erinnere mich jedoch an einen meiner Mitspieler, dessen Familie einer Sekte angehörte, die es ihm verbot, am Sonntag Sport zu treiben. Der siebte Tag, der nach den sechs Schöpfungstagen folgte – der Ruhetag – wurde in dieser Sekte sehr ernst genommen. Mein Stürmerkollege liebte jedoch den Eishockeysport und nahm unter der Woche an jedem Training teil. Da unsere Novizen-Spiele (U16) aber immer am Sonntagmorgen stattfanden, durfte er nie mitspielen. Nach der Schule verliess ich die Stadt, in der ich die ersten fast 16 Jahre meines Lebens verbrachte. Ich weiss jedoch, dass dieser Junge, der mit den Jahrgängern meiner Schwester zur Schule ging, mit 16 Jahren, als er religiös mündig war, aus dieser Sekte austrat. Die Zugehörigkeit zu einem Sportverein und ein freies Leben auch am Sonntag waren ihm wichtiger als die Zugehörigkeit zu dieser Religion. Der frühe Tod seines älteren Bruders wurde ihm jedoch angelastet – mit der Begründung, dass er unheilig gehandelt habe und Gott die Familie dafür bestrafe. Das zeigt eindrücklich, dass Eltern ihre Kinder sogar aus der Gemeinschaft ausschliessen können, wenn diese sich einer anderen Glaubensrichtung zuwenden.

Wenn ich vor allem an die Zeit in Südostasien zurückdenke, fallen mir weitere Beispiele für gegensätzliche Beurteilungen von Mitmenschen ein. Sätze wie: «Das ist ein Ungläubiger, dem kannst du nicht trauen», «diese Muslime sind alles Heuchler» oder «diesen Hindus darfst du nicht alles glauben» habe ich alle gehört. Die Wortwahl, um einen Muslim oder Hindu zu beschreiben, klang dabei oft nicht gerade freundlich. Allerdings gibt es in Malaysia und Indonesien etwas, das verschiedene Glaubensgemeinschaften überraschenderweise «zusammenarbeiten» lässt und sich «Ali Baba Business» nennt.

Die indonesischen Ureinwohner werden Pribumi[74] genannt, während ihre malaysischen Pendants als Bumiputra[75] bezeichnet werden. Letztere sind heutzutage überwiegend Muslime, aber auch einige indigene Völker gehören dazu. Die erwähnten Gruppen geniessen in beiden Ländern gewisse Privilegien. Zum Beispiel profitieren sie von besseren Kauf- und Geschäftsbedingungen von Immobilien oder werden bei der Vergabe von Aufträgen vom Staat bevorzugt. Es ist allgemein bekannt und akzeptiert, dass die Chinesen als geborene Geschäftsleute gelten und oft über die nötigen finanziellen Mittel verfügen. Um an die besseren Bedingungen und Aufträge der Bumiputra zu gelangen, sucht sich ein Geschäftsmann chinesischer Herkunft einen Bumiputra als Geschäftspartner aus. Der Bumiputra ist der

---

74 Wörtlich, «Menschen der Erde", sind die Einheimischen Indonesiens.
75 Sohn der Erde: «Ureinwohner» Malaysias.

offizielle Frontmann, führt die Geschäfte jedoch mit den finanziellen Mitteln und den Anweisungen des chinesischen Geldgebers. Dank der günstigeren Bedingungen erhält der Bumiputra eine Prämie, Kommission oder Beteiligung als Gegenleistung.

Am Rande erwähnt: Die Chinatowns rund um die Welt sind ebenfalls ein Resultat davon, dass Gesellschaften gleicher Herkunft sich wirtschaftlich gegenseitig unterstützen.

Ich habe selbst für Arbeitgeber gearbeitet, die als finanzkräftige Unternehmer chinesischer Herkunft Aufträge und Mandate über eine erfolgsrelevante Kommission von einem Bumiputra erhalten haben. Nach einem ersten erfolgreichen Auftrag folgten oft weitere. Sind diese beiden nun Gleichgesinnte? Solange das Geld fliesst, wahrscheinlich schon. Ansonsten verband die beiden nicht viel, und ich weiss, dass sie in sehr unterschiedlichen sozialen Umfeldern verkehrten.

Convenience vom Regal

Im Grunde genommen bin ich ein Konsument, wie die meisten Menschen mit ähnlichen Einkommensverhältnissen, die in Zentraleuropa leben. Ich kaufe Produkte für den täglichen und gelegentlichen Bedarf selbst ein. Lange habe ich kaum hinterfragt, woher die Seife, das Handy oder die Jeans stammen. Man nimmt sie vom Regal und bezahlt an der Kasse, oder, immer häufiger, bargeldlos am Self-Check-Out. Obwohl ich den Unterschied zwischen einer Lauge und einer Säure kenne, fehlt mir das Wissen, um ein Waschmittel herzustellen. Mir fehlt sowohl das technische Know-how für die Herstellung eines integrierten Schaltkreises für ein Telefon als auch der nötige Grundbesitz für den Anbau von Baumwolle für meine Jeans. Ich kaufe mir diese Sachen fix fertig vom Regal. Zum weiteren Verständnis: Online-Käufe gehören für mich in dieselbe Kategorie. Die Regale sind dabei einfach grösser und bieten mehr Auswahl – nicht immer ein Vorteil.

Algorithmen wissen inzwischen oft besser, was für mich gut sein soll, als ich selbst – dank meines Online-Verhaltens. Alles ist sofort verfügbar, oft «pfannenfertig» oder

«Plug & Play»[76], ohne dass ich als Konsument viel dazutun muss. «Eine Lasagne noch selbst zubereiten? Bist du wahnsinnig! Im Migros und Coop gibt es fix fertige – und die schmecken genauso gut wie selbstgemachte». (Ich zitierte, so etwas wäre nie über meine eigenen Lippen gekommen!)

Ist es vergleichbar, wenn ich mich erst später im Leben einer Glaubensgemeinschaft anschliesse? Nehme ich eine Religion vom Regal – ebenfalls «pfannenfertig», sozusagen? Ist Religion also Convenience Food? Die Kirche und ihre Vertreter vermitteln uns doch auch, was gut für uns ist – fast wie in der Nivea-Werbung. Sie wissen ganz genau, was wir «kaufen» sollen,... wollen,... müssen,... dürfen,... können. Die beiden schwarz gekleideten Herren mit Krawatte, die gelegentlich von Haus zu Haus gehen, bieten aus meiner Sicht ebenfalls einen Convenience-Artikel an. Ein «Fertiggericht», das uns zufriedenstellt, und uns obendrein den Weg ins Paradies öffnet. Kann man da als Durchschnittskonsument noch Nein sagen?

Früher, «in der guten, alten Zeit», war das wahrscheinlich noch ein wenig anders. Die Möglichkeit, verschiedene Produkte, oder in diesem Fall Religionen miteinander zu vergleichen, gab es damals in den seltensten Fällen. Wer sich in einem fremden Land niederliess, für den konnte eine Religion «vom Regal» eine durchaus passende Wahl sein. Man wusste oft genau, was einen erwartete. Die

---

76 «Einstecken und spielen», keine Installationen mehr. Viele elektronische Apparate und Softwares funktionieren heute so.

Gebrauchsanweisung musste man nicht lesen – sie wurde einem im Religionsunterricht und in der Kirche erklärt.

Um die Metapher der Convenience abzuschliessen: Ich bin in einem Umfeld aufgewachsen, das mir ermöglichte, schon vor dem 16. Lebensjahr eigene Entscheidungen zu treffen. In meiner Karriere als Koch habe ich oft frische Zutaten nach Rezept verarbeitet. Mit der Zeit wagte ich mich an neue Kreationen – mit mehr oder weniger Erfolg. Damit will ich sagen, dass mir Convenience persönlich nicht liegt und ich mich auch heute mit einer Fertig-Lasagne nicht anfreunden kann. Ich hoffe, dass wieder mehr Menschen frische Lebensmittel zu grossartigen Gerichten verarbeiten, sich dabei etwas überlegen und etwas kreieren, das ihnen schmeckt. Und es muss auch nicht immer vegan sein.

Ich gebe zu, dass ich nicht immer so dachte wie heute. Als ich die Küche verliess und mich dem Hotelmanagement zuwandte, bildete ich mich unter anderem in Marketing und Branding weiter. Dort lernte ich den Begriff «brand loyalty beyond reason» kennen. Das bedeutet: Wenn ich mit einem Produkt zufrieden bin und der Markt mir ständig bestätigt, dass es das richtige Produkt ist, hinterfrage ich es nicht mehr. Ich werde es immer wieder kaufen, ohne dabei viel zu denken. In meinem Leben gab es eine Zeit, in der ich bei Rasierartikeln immer zum Gilette-Regal griff – egal, wo ich auf der Welt war. Klingen, Schaum, Aftershave – alles war innerhalb Armeslänge griffbereit. Nach der besagten

Branding-Schulung hinterfragte ich mein Einkaufsverhalten und wechselte gelegentlich zu weniger bekannten Marken.

Manche meiner Arbeitskollegen waren vor 20 Jahren felsenfest davon überzeugt, dass nur ein iPod zum Musikhören in Frage kommt. Sie gaben sogar zu, dass es technisch bessere und günstigere Alternativen gab, aber «der Apfel» es ihnen angetan hatte. Warum also nicht «Religion beyond reason»? Es passiert doch nur in unseren Köpfen, oder? Wenn wir es selbst nicht hinterfragen, macht es niemand für uns. Wir konsumieren das Bekannte einfach weiter – ohne zu überlegen. Gilt das auch für Religionen? Wenn es passt?

Ordnung muss sein

Warum folgen wir?

Als ich mich als junger Küchenchef weiterbilden wollte und die verschiedenen Führungsstile kennenlernte, um meine grosse Küchenbrigade besser zu führen, erkannte ich schnell: Es gibt nicht den «einen» richtigen Führungsstil für alle Situationen im Berufsleben. Je nach Kontext ist eine unterschiedliche Führung der Mitarbeitenden erforderlich, und es können nicht immer dieselben Leistungen und Reaktionen erwartet werden. Nicht zuletzt stellte ich fest, dass der Bildungsstand – nicht zu verwechseln mit der Intelligenz – ebenfalls eine Rolle spielt, welcher Führungsstil am besten funktionierte.

Viele werden sagen, das ist nichts Neues - und das stimmt. Ein oft unterschätzter Faktor ist jedoch das soziale Umfeld, in dem sich die Mitarbeitenden bewegen. Ich fand keine Literatur, die dieses Thema intensiv behandelt oder seine Bedeutung hervorhebt. Dabei habe ich immer wieder beobachtet, dass zwei zentrale Komponenten des sozialen Umfelds massgeblich die Effektivität von Mitarbeitenden beeinflussen: Die private Kultur, in der jemand aufgewachsen ist oder lebt, und die Arbeitsplatzkultur. Oft stehen diese beiden Kulturen in Konflikt miteinander.

Ein Beispiel: In den frühen 1990er-Jahren, an der Ostküste West-Malaysias, erwarteten Mitarbeitende aus unteren sozialen Schichten eine sehr autokratische, fast diktatorische Führung. Ein solcher Mitarbeitender begegnete mir mit grenzenlosem Respekt und Unterwürfigkeit. Meine Anweisungen wurden nicht hinterfragt und meist kommentarlos ausgeführt. Es wurde weder erwartet noch gewünscht, dass ich Meinungen einholte oder Entscheidungen im Plenum diskutierte. Meine Rolle war klar: Ich hatte ihnen das kulinarische Handwerk, betriebswirtschaftliche Grundlagen und die Feinheiten der Hotellerie beizubringen.

Obwohl ich damals nur einen Lehrabschluss als Koch und etwa 12 Jahre Berufserfahrung hatte, profitierte ich davon, dass Schweizer Fachkräfte in asiatischen Ländern hohes Ansehen genossen. Für einen malaysischen Küchenangestellten mit einem Bildungsniveau der siebten Klasse, der sich mühsam vom Abwasch zum Hilfskoch hochgearbeitet hatte, gab es keinen Grund, meine Anweisungen zu bezweifeln. «Regel 1: Der Chef hat immer recht. Regel 2: Sollte er einmal nicht recht haben, gilt Regel 1.»

Wie es sich für eine gute Führungskraft gehört, belohnte ich gute Leistungen und korrigierte Fehler. Mitarbeitende, die sich meinen Anweisungen wiederholt widersetzten oder die Anforderungen nicht erfüllten, wurden jedoch sanktioniert. Im ländlichen Asien gab es damals keine

Grauzonen: Ein Diebstahl – selbst ein Döschen Rujak-Sauce[77] im Wert von weniger als einem Franken – führte unweigerlich zur Kündigung.

Ähnlicher Inhalt, wie in der Bibel: Wer artig ist und tut, was ihm oder ihr gesagt wird, kommt in den Himmel, wer nicht, in die Hölle. Im Management-Jargon wird dies auch «Management by Fear»[78] genannt. Es funktioniert, weil viele Menschen lieber eine Belohnung erhalten, als mit der Peitsche geschlagen werden wollen. Wenn die Strafe dann doch einmal erfolgt, ist der Grund dafür meist klar - und man ist bestrebt, den Fehler nicht zu wiederholen. Nicht unbedingt, weil man ihn einsieht, sondern weil der Schmerz der Strafe abschreckend wirkt.

In meiner Kindheit gab es kaum körperliche Strafen. Die «Peitsche» bestand eher aus Strafen wie «kein Abendessen» oder «Verbot, am Mittwochnachmittag rauszugehen». Auch das schmerzte – und lehrte mich schnell, das zu tun, was meine Eltern von mir erwarteten. Andernfalls drohten Hunger und Langeweile.

Um eine Strafe zu erhalten, musste man nicht nur einen Fehler begehen, sondern auch dabei erwischt werden. Schon früh, spätestens als der Mensch sesshaft wurde, gab es Individuen, die Fehler absichtlich begingen, ohne dabei entdeckt zu werden. Besonders interessant wurde es, wenn

---

77 Eine Sauce, meist süss und scharf, für rohe Früchte oder Gemüse Salat.
78 Mitarbeitende fürchten kontinuierlich, dass sie etwas Falsches machen könnten und dafür bestraft würden.

persönlicher Profit dabei heraussprang. Der Wert von Erjagtem, Gesammeltem und Erschaffenem wurde früh erkannt und entsprechend geschätzt. Anstatt selbst einen Hasen fürs Abendessen zu jagen und zu erlegen, war es einfacher, einen bereits erlegten Hasen vom Nachbarn zu stehlen. Wurde man erwischt, folgte eine Bestrafung. Wenn nicht, hatte man ein kostenloses Abendessen. Ein Kalkül, das mit der Einführung von Geld- und Zahlungsmitteln enorm an Bedeutung gewann. Ist das, woran man glaubt, auch eine Art Besitz, der verteidigt werden muss? Ich lasse diese Frage vorerst im Raum stehen.

Betrachten wir die Führungsperson genauer. In der Familie ist es oft der Vater – auch wenn im Hintergrund die Mutter die Entscheidungen trifft. Am Arbeitsplatz ist es der Manager, in anderen Bereichen der Weise, der Prediger, der Heiler oder der Häuptling. Sie alle sind Respektpersonen, denn ohne Respekt ist langfristige Führung schwierig.

Ich bin der Überzeugung, dass es drei Kategorien von Führungskräften gibt:

1. Die Geborenen: Diese Führungspersönlichkeiten werden in eine respektierte Familie hineingeboren. Die meisten königlichen Anführer und in einigen Ländern auch Staatsoberhäupter fallen in diese Kategorie. In solchen Fällen wurde Respekt oft mit der Peitsche erzwungen.

Reichtum und Nepotismus[79] waren meist Grund-voraussetzungen für den Erfolg.

2. Die Self-Made-Leader[80]: Diese Führungskräfte mussten sich ihren Respekt erarbeiten. Langes intensives Lernen, Weiterbildungen und das Teilen von Erfahrungen führen dazu, dass andere Menschen zu ihnen aufschauen. Ein gemeinsames Interesse der Zuhörerschaft und eine Verbindung zu den vermittelten Botschaften sind dabei entscheidend. Der Gedanke, eine Revolution anzuzetteln oder ein Land aus der Krise zu führen, könnte genug Motivation sein, einem charismatischen Anführer zu folgen. Viele Generäle, Staatsoberhäupter und Wirtschaftsführer gehören wohl in diese Kategorie.

3. Die Erkorenen: Diese Menschen sind zur richtigen Zeit am richtigen Ort und haben die passenden Worte, Handlungen oder Versprechen. Sie können ihre Anhänger mitreissen, weil sie oft genau das sagen, was die Gruppe Gleichgesinnter hören will. Studentenunruhen werden zum Beispiel oft von solchen Führern ausgelöst. Allerdings weiss nach einiger Zeit niemand mehr genau, warum man dieser Person Respekt zollt – es mangelt in den meisten Fällen an nachhaltiger Wirkung.

---

79 Als Nepotismus oder Vetternwirtschaft wird eine Vorteilsbeschaffung durch und für Familienangehörige (oder enge Freunde) bezeichnet.
80 Eine Person deren Erfolg und Status selbst erarbeitet ist. Erfolg und Status wurden durch eigene Kraft erreicht.

In welche Kategorie fallen religiöse Führer und Lehrer? Am einfachsten war es wohl, wenn der König auch Armeeführer war, dem Gericht vorstand, die Steuern kontrollierte und für Glaubensfragen zuständig war. Als Vorsteher des Bildungswesens konnte er auch die Bevölkerung gezielt ausbilden – oder eben auch nicht. So stellte eine ungebildete, analphabetische Bevölkerung keine unangenehmen Fragen, und der König behielt die Kontrolle über sein Reich. Dies erreichte er mit treuen Dienern, die er für ihre Loyalität reich belohnte: Grundstücke, Häuser und andere Privilegien. Derartige Systeme konnten über Jahrhunderte Bestand haben - bis sich jemand gegen diese Praxis auflehnte und ein Mitstreiter eine Guillotine von der Regierung bewilligen liess.

Was hat das mit Glauben zu tun? Als das Christentum vor fast 2'000 Jahren nach Europa kam, war die gesellschaftliche Struktur so, dass einige erlauchte Herren das Zepter übernahmen, die Bevölkerung nicht bildeten und ihre Machtposition nutzten, um möglichst viel Profit daraus zu schlagen. Der Aufbau einer solchen Macht war möglich, weil es an Alternativen mangelte. Es gab kein Wissen über andere Optionen, und die Versprechungen der Machthaber klangen durchaus attraktiv. Als Analphabeten konnten die Menschen weder etwas nachlesen noch sich überregional austauschen. Ohne den Glauben der Bevölkerung und mit dem Informationsfluss des heutigen World Wide Web, hätte das System sicherlich nicht funktioniert.

Kirche und Staatsoberhäupter unterstützten sich gegenseitig, was zu enormem Reichtum und Vetternwirtschaft[81] führte. Ein gutes Beispiel sind die Tempelritter, die als «Beschützer» von christlichen Pilgern und Kreuzfahrerstaaten gleichzeitig Glauben, Wirtschaft und Politik vereinten – und dabei sehr erfolgreich waren. Nach knapp zweihundert Jahren waren die Templer so mächtig, dass der französische König und der Papst sie beseitigen wollten. Sie beschuldigten sie der Ketzerei, diskreditierten sie mit Vorwürfen der Homosexualität und warfen sie auf den Scheiterhaufen.

Als Führungskraft war ich in Ländern mit verschiedenen politischen Systemen tätig. Dazu gehörte auch Indonesien, kurz nach dem Sturz von Suharto[82] und dem Beginn der Demokratisierungs-bestrebungen. Von einer Diktatur zu einer Demokratie in ein paar Tagen, Wochen oder Monaten?... Heute weiss man, dass dies keine gute Transition war – und immer noch nicht ist. Korruption, Kriminalität und

Haji Mohamed Suharto

81 Schweizerdeutsch für Günstlingswirtschaft.
82 Haji Mohamed Suharto (*1921; † 2008) war der zweite indonesische Staatspräsident. Er regierte das Land diktatorisch von 1967 bis 1998.

Armut sind heute grösser als unter Suharto. Woran liegt das? Vielleicht braucht es auf den über ein System, in dem eine klare Führungsperson die Richtung vorgibt - im Grunde ein Prediger, der nicht hinterfragt werden darf, immer recht hat und auch als Richter fungiert.

Eine solche Führung kann jedoch nur funktionieren, wenn ein klares System von «Dos and Don'ts»[83] kommuniziert wird. Im Mittelalter war diese Praxis besonders ausgeprägt. Man bekannte sich zum Christentum – oder wurde als Verräter abgestempelt. Die treuen Führer der Kirche und des Staates sorgten dafür, dass Ruhe und Ordnung herrschten. Kein Hinterfragen des Systems, der Lehren oder der Ordnung. Einige wenige reiche Menschen, einschliesslich der Kirche selbst, profitierten von dieser Konstellation und konnten ihren Wohlstand weiter ausbauen.

Um die Bedeutung der Religion im Leben jedes Untertanen zu betonen, wurde die Predigen bewusst zeremoniell gestaltet. Um Gott gnädig zu stimmen und ihm für alles zu danken – schliesslich war er ja der Schöpfer – musste man die Kirche finanziell unterstützen. Die prachtvollen katholischen Kirchen und Kathedralen, die heute mehr Touristen als Gläubige anziehen, zeugen von dieser Zeit.

---

83 Regeln über was man tun und nicht tun sollte.

Bücher der Gesetze

Vor 30 Jahren erlebte die Touristenbranche in Asien ein rasantes Wachstum, was zu einem stetig steigenden Bedarf an qualifizierten Führungskräften führte. Aus wirtschaftlichen Gründen konnte dieser Bedarf nicht nur durch «teure» Expats gedeckt werden. Während dieser Zeit war ich elf Jahre für eine führende amerikanische Hotel-Management-Firma tätig. Ich schätze es noch heute, dass mein Arbeitsgeber grossen Wert auf die Entwicklung interner und lokaler Mitarbeiter legte und Talente aus den eigenen Reihen zu Führungskräften ausbildete. Ich interessierte mich dafür, meinen Teil beizutragen, und wurde zum Trainer, Coach und Mentor ausgebildet.

Als sogenannter «Master Facilitator»[84] war ich mitverantwortlich für die Umsetzung der Richtlinien zur Talentförderung in meiner Region (Malaysia und Indonesien). Dabei fiel mir auf, dass Konfliktsituationen mit Mitarbeitenden eine grosse Herausforderung für junge Führungskräfte darstellten. Das Lösen von Mitarbeiterkonflikten ist schwierig zu trainieren, und wenn überhaupt, dann meist nur durch Rollenspiele. Mitarbeitende zu disziplinieren macht selten Spass, und ich konnte beobachten, wie junge Manager Konfliktsituationen

---

84 Starwood Cares 2001 bis 2004

bewusst aus dem Weg gingen. Wenn disziplinarische Gespräche unumgänglich waren, zitierten sie die entsprechenden Weisungen, Richtlinien oder Regeln, die missachtet wurden, häufig wortwörtlich. Anstatt zu erklären, dass sie als Vorgesetzte gewisse Erwartungen an ihre Mitarbeitenden haben und es gute Gründe für die Umsetzung dieser Regeln gebe, betonten sie, dass die Regel schlicht eingehalten werden müssen.

Um nicht selbst für den unangenehmen Gesprächsinhalt verantwortlich gemacht zu werden, bedienten sich die Manager einer «Good Cop, Bad Cop» - Taktik. Dabei übernahm der jeweilige Manager die Rolle des «guten Polizisten», um als wohlwollenden Mitmenschen wahrgenommen zu werden, während die Verfasser der Richtlinien als «Bad Cop» die unpopulären Entscheidungen vertraten. Dies führte jedoch dazu, dass Mitarbeitende nicht aus Respekt vor ihren Vorgesetzten oder aus Verständnis für die Anweisungen handelten, sondern schlicht, weil es in den Richtlinien festgelegt wurde.

Ich sehe eine Parallele zwischen dem Christentum mit der Bibel und dem Islam mit dem Koran. Oft wird argumentiert, dass etwas gemacht werden muss, weil es so in der Bibel oder im Koran steht. Als Führungsperson halte ich es jedoch für wichtiger, diese Werte vorzuleben und sie in motivierender Weise zu vermitteln. Meiner Meinung nach ist es effektiver, den Grund für eine Regel zu erklären, als sie nur wortwörtlich zu zitieren.

Das blosse Zitieren von Regeln kann den Eindruck erwecken, dass man selbst nicht vollständig von den Werten überzeugt ist, die man vermittelt. Dadurch wird die Konsequenz eines Regelbruchs stärker betont als Sinn und Zweck der Regel. Ich bin sogar davon überzeugt, dass die Personen, die Anfang des zweiten Jahrhunderts die Schriften zur Bibel zusammenführten, genau dieses Ziel verfolgten.

Vor fast 2'000 Jahren konnte man predigen, was man wollte – die meisten Menschen waren Analphabeten. Wahrscheinlich wollte man einen einheitlichen, als korrekt empfundenen Kanon des «Wortes Gottes» schaffen und in die Welt hinaustragen. Diese autorisierten Texte wurden dann von den Gelehrten ohne Hinterfragen gepredigt, und diejenigen, die es taten, genossen Schutz und Ansehen. So verfestigte sich das Konzept der Kirche.

Jeder kann sich seine eigene Meinung von der Person bilden, die sonntags vorne in der Kirche steht und predigt. Tut diese Person es, weil es so in der Bibel geschrieben steht und das Wort Gottes verkündet werden muss, oder spricht sie aus eigener Überzeugung? In der Sonntagspredigt wird immer darauf hingewiesen, in welchem Kapitel der Bibel ein Inhalt steht. Ist dies, um zu vermeiden, dass jemand denkt, es würde «Wildwuchs» gepredigt, oder um sicherzustellen, dass es sich tatsächlich um das Wort Gottes handelt?

Wie schon erwähnt, bin ich zwar in einem christlichen Umfeld aufgewachsen, konnte mich aber nie wirklich mit den Inhalten der Predigten identifizieren. Ich benahm mich anständig, wie es damals von einem gut erzogenen Jungen erwartet wurde. Die Missionare würden sagen, ich sei «auf der Suche nach der Erfüllung, ich sei auf dem richtigen Weg und würde mit ihrer Hilfe Gott finden». Nach vielen Jahren der Suche bin ich jedoch zum Schluss gekommen, dass meine ausgeprägte analytische Denkweise es mir unmöglich macht, an etwas zu glauben, das wissenschaftlich nicht fundiert ist und somit für mich keine Realität besitzt. Was auch immer dieses Grössere oder Höhere sein mag, es muss für mich sprichwörtlich «Hand und Fuss» haben und, wenn möglich, mit Fakten belegt werden. Vielleicht geht es mir dabei ähnlich wie vielen anderen: Ich müsste von einem guten Manager überzeugt werden und möchte mich nicht ausschliesslich auf religiöse Dogmen berufen müssen.

Wie lässt sich der Erfolg der Bibel oder des Korans erklären? Wie bereits erwähnt, kam ich in Malaysia als 26-jähriger das erste Mal mit dem Islam in Berührung. Aufgrund meiner guten Kenntnisse in Geografie und Geschichte, wusste ich, dass der Koran vor etwa 1'400 Jahren auf der arabischen Halbinsel geschrieben wurde. Ein ansprechendes Werk, das Verhaltensregeln für das siebte Jahrhundert darlegt. Wenn man bedenkt, dass der Koran nach islamischer Überzeugung nicht von Menschen verfasst, sondern von Allah offenbart wurde, muss es sich demnach um eine aussergewöhnliche Schrift handeln. (Nebenbei bemerkt: Ich frage mich, wie der Koran wohl aussehen würde, wenn er erst nach dem Fund des schwarzen Goldes[85] geschrieben worden wäre.)

Ein Rätsel für mich ist, warum man den Koran unbedingt auf Arabisch lesen muss, um ihn «richtig» zu verstehen. Ich konnte mir kaum vorstellen, dass ein Buch so kompliziert geschrieben sein muss, dass man den Inhalt nicht übersetzen kann (hier sei klargestellt: den Inhalt, nicht die Wörter). Aber nein, es geht darum, Bildung zu demonstrieren und jeden Satz zu interpretieren. Dennoch gibt es (zum Leidwesen mancher Gelehrter) den Koran in einer Vielzahl von Übersetzungen. Und so habe ich den Korean wie ein wissbegieriger Mensch gelesen und fand, dass vieles darin sinnvoll ist.

Auf meiner Suche nach Erleuchtung bekam ich jedoch ein schlechtes Gewissen, weil ich der Bibel als Literatur nie eine Chance gegeben hatte. Also las ich sie in wenigen Tagen von Anfang bis Ende. Mein Fazit: «I was confused and not amused!»[86] Ein Geschichtsbuch voller fantastischer Erzählungen aus der «guten, alten Zeit». Und das sollte ein Lehrbuch sein? Ich war überzeugt, dass ich diese Religion wohl nie verstehen würde, und dachte zurück an die Interpretationen aus meinem Religionsunterricht. Ich versuchte mir einzureden, dass es irgendwo einen Schlüssel zu meiner Erleuchtung geben müsse, darüber nachdachte

---

85 Erdöl.
86 Wortspielerei, basierend auf der Aussage von Königin Victoria (*1819; † 1901) «We are not amused», zu Deutsch «Wir sind nicht amüsiert/begeistert».

und suchte nach Bestätigung in meinen alltäglichen Beobachtungen.

Mit einfachen Worten: Die Bibel ist Fischerlatein[87]! Um einfache Geschichten in den Köpfen der Menschen zu verankern und zu zeigen, dass jemand besondere Fähigkeiten hat, wird oft übertrieben. «Mein Vater war gestern am Dorfbach fischen und hat zwei Forellen gefangen. Meine Mutter hat sie mit Kartoffeln und Gemüse zu einem schmackhaften Nachtessen zubereitet», klingt halb so gut wie: «Mein Vater hat gestern mit einem 20-kg-Hecht einen fast zweistündigen Kampf geführt, bis er ihn anschliessend ans Ufer ziehen konnte. Mit dem Fisch konnten wir die ganze Nachbarschaft versorgen.» Solche Geschichten beeindrucken – auch wenn es im Dorfbach gar keine Hechte gibt.

Die Bibel: Ein Buch der Übertreibungen? Sie wurde von verschiedenen Autoren verfasst und lange nach den beschriebenen Ereignissen zusammengestellt. Bis zu fünf Generationen hatten Zeit, die Geschichten weiterzuerzählen, auszuschmücken und so anzupassen, dass sie grossartig wirkten. Zudem musste sich die Idee eines einzigen Gottes in einem polytheistischen Reich durchsetzen. Das römische Reich und seine Bevölkerung leisteten nämlich grossen Widerstand gegen diese neue monotheistische Idee.

---

87 Den Fischer wird nachgesagt, dass sie beim Beschreiben der Grösse des Fanges immer übertreiben.

Fazit: Obwohl die Bibel und der Koran auf unterschiedliche Weise entstanden sind, dienen sie Abermillionen von Menschen als Grundlage ihres Glaubens. Beide Werke sind Gesetzbücher – für gläubige Christen, Juden und Muslime.

Eine andere Geschichte, die mich fasziniert, ist die Geschichte Buddhas. Im Herbst 1989 war ich, wie bereits beschrieben, eine Woche in Tibet. Wir waren die erste Touristengruppe von Abenteurern, die nach den Frühlingsunruhen[88] auf dem Tian'anmen-Platz mit einem offiziellen Guide von Peking nach Lhasa reisen durfte. Ich wusste, dass dies eine besondere Reise sein würde und bereitete mich entsprechend vor. Ich eignete mir nicht nur ein Grundwissen über Tibet und die Tibeter an, sondern auch über den Buddhismus.

Der Glaube an Buddhas Lehren ist in Tibet so tief mit der Kultur verwurzelt, dass sie gar nicht voneinander getrennt werden können. Im Unterschied zu Bibel und Koran lässt der Buddhismus dem Einzelnen jedoch die Wahl. Es gibt keine festen «Dos and Don'ts». Soweit ich weiss, ist das Ziel - das Nirwana - im Buddhismus nicht klar definiert und kann daher auch nicht endgültig beschrieben werden. Es liegt in der Verantwortung jedes Einzelnen, Antworten auf Fragen, wie zum Beispiel «was ist das Geräusch von nur einer klatschenden Hand?» zu finden.

---

88 Am 04. Juni 1989 wurde auf dem Tian'anmen-Platz (Platz des Himmlischen Friedens) eine Studenten-Demokratiebewegung durchs Militär gewaltsamen Niederschlagung.

Einen kleinen Abschnitt, den ich mir als gelernter Koch nicht verkneifen kann: Die «Bibel» der Schweizer Köche, offiziell bekannt als «Lehrbuch der Küche», wird in Fachkreisen meist einfach nur – nach dem Autor Ernst Pauli[89] – als der «Pauli» bezeichnet. Während meiner Lehre wurde uns immer wieder gesagt, dass man die Kochprüfung problemlos bestehen wird, wenn man den Pauli in- und auswendig kennt.

Damals hatte ich noch keine Parallelen zu den Weltreligionen gezogen; erst jetzt, beim Schreiben dieses Buches, sind mir diese Ähnlichkeiten aufgefallen. Bereits in jungen Jahren wurden wir dazu angehalten, die Bibel zu lesen, um uns auf das Leben und das Jenseits vorzubereiten. Die Lehren darin sollen uns helfen, am «Tag des Gerichtes» gut vorbereitet zu sein. Der Pauli hatte in der Ausbildung dieselbe Aufgabe. Diese Parallele zwischen den Lehren einer Religion und der «Bibel» der Schweizer Köche war mir damals nicht bewusst – heute erscheint sie mir offensichtlich.

Ich wage folgende Hypothese: Religionswissenschaftler, die am Ende des ersten und Anfang des zweiten Jahrhunderts nach Weltordnung und Ordnung lechzten, haben das Beste, was an attraktiver Literatur existierte, zu einem Buch zusammengepuzzelt. Dies geschah unter dem Vorwand, es handle sich um das Wort Gottes, an dessen

---

89 Ernst Pauli (*1886; † 1960) war ein Schweizer Koch und Autor. Unter anderem hat er 1930 das Lehrbuch der Küche verfasst.

Inhalt sich fortan alle Menschen halten sollten. Diese Theorie mag dem einen oder anderen sicherlich gewagt erscheinen. Sie ist jedoch nicht neu und wird von einigen Theologen und Historikern, die im Nahen Osten studiert haben, in ähnlicher Form und mit sachlicherem Vokabular vertreten.

Dank der Ägypter müssen wir Geschichte nicht mehr in Stein meisseln oder auf Tontafeln ritzen. Dem Papyrus sei Dank, dass wichtige Geschehnisse seit einigen tausend Jahren platzsparender und praktischer aufzeichnen werden können. In der Antike lag der Fokus von Aufzeichnungen jedoch oft auf der Erfassung von Steuerabgaben, Besitzverhältnissen oder Kriegsbeute – weniger auf der Erfassung historischer Ereignisse. Zumal die Kunst der Papyrusherstellung zeitaufwendig war und nur privilegierte Leute Zugriff darauf hatten. Die Bedeutung eines Ereignisses für zukünftige Generationen wurde oft erst im Nachhinein erkannt.

Geschichten wurden damals oft mündlich überliefert. Erzählungen, die wiederholt erzählt wurden und Anklang fanden, wurden irgendwann schriftlich festgehalten. Ob diese dann noch eins-zu-eins den tatsächlichen Geschehnissen entsprachen, ist fraglich. Schliesslich wächst die gefangene Forelle des Hobbyfischers auf dem Heimweg und am Stammtisch oft um einige Zentimeter. Die ursprünglichen 25 cm werden beim mehrfachen Erzählen immer grösser, und beim Anzeigen der Grösse gehen die

Hände immer weiter auseinander. Niemand will eine Geschichte von einem kleinen Fang hören – die Forelle muss etwas Besonderes sein.

So geschah es mit den Geschichten, die man sich erzählte. Niemand wollte wohl die Geschichte von einem Mann hören, der im Sturm von seiner Crew über Bord geworfen wurde, weil er in die falsche Richtung segelte. Es war viel unterhaltsamer und aufregender, sich die Geschichte von Jonas anzuhören, der sich freiwillig ins Meer stürzte und sich so für die Besänftigung des Sturms opferte. Mit viel Fantasie wurde Jonas von einem Fisch verschluckt und nach drei Tagen lebend wieder ans Land gespuckt. Die Geschichte wurde weiter ausgeschmückt: Nur durch Gottes Grösse war dies möglich, weil Jonas zu Gott betete und Reue zeigte. So wurde die Geschichte zu Geschichte.

Wie bereits erwähnt, habe ich die beiden heiligen Bücher, die Bibel und den Koran, wie Fachliteratur gelesen, sozusagen wie eine wissenschaftliche Arbeit. Früher, zurzeit der Zusammenstellung der Bibel, galten Bücher als repräsentativ für die Wissenschaft. Man nahm sie als bare Münze – schliesslich wurden sie von Gebildeten verfasst, geschrieben oder zusammengestellt. In der Regel wurden sie nicht hinterfragt, und dies, obwohl viele wissenschaftliche Werke nur auf Erfahrungen und persönlichen Erkenntnissen beruhten.

Heute ist dies anders: Wissen muss durch Fakten und Beweise untermauert sein, ansonsten handelt es sich um eine Theorie oder Hypothese. Kann ich somit sagen, dass die Schöpfungsgeschichte im ersten Buch Mose eine Hypothese ist, die nie bewiesen wurde? Da sie aber auch nie eindeutig widerlegt wurde, ist sie vielleicht immer noch Wissenschaft – nur eben 2'000 Jahre alt? Ich weiss es nicht. Es kommt mir jedoch vor wie: «If it ain't broken, don't fix it.»[90] Es wäre unbequem, gleich das erste Kapitel der Bibel umschreiben zu müssen. Ganz zu schweigen von den Konsequenzen, die eine solche Revision für die Interpretation des restlichen Buches nach sich ziehen würde.

---

90 Aussage von Thomas Bertram Lance (*1931; † 2013), Berater von Jimmy Carter: «Wenn es nicht kaputt ist, repariere es nicht».

Die Kirche, Hassliebe oder Segen?

Wenn wir auf die Geschichte zurückblicken, sehen wir immer wieder chaotische Zeiten. Ich persönlich – wie sicherlich auch viele andere Mitmenschen - bevorzuge jedoch einen Zustand der Ordnung. Doch was genau braucht es, um Ordnung herzustellen oder zu bewahren? Keine einfachen Fragen - sonst hätten wir wahrscheinlich weniger Unordnung um uns herum.

Die Kirche wurde in diesem Buch bereits oft erwähnt, und ich habe wahrscheinlich kein Bild von mir als grossen Freund der Kirche gezeichnet - insbesondere nicht von der römisch-katholischen. Ich habe in einem früheren Kapitel verschiedene Führungsstile erwähnt. Die Geschichte zeigt uns immer wieder, dass konzentrierte Macht in den Händen einer einzelnen Führungsperson durchaus positive Ergebnisse erzielen kann. Beispiel ist Lee Kuan Yew[91], der die Abspaltung von Malaysia positiv verarbeitete und aus Singapur eine wirtschaftliche Drehscheibe Asiens machte. Leider gibt es etliche Gegenbeispiele, dass wenn die ganze Macht bei einer einigen Person liegt, es auch schlecht funktioniert – der afrikanische Kontinent führt diese Negativ-Liste wohl an.

---

91 Harry Lee Kuan Yew; (*1923; † 2015) war von 1959 bis 1990 der erste Premierminister von Singapur. Von 1990 bis 2004 gehörte er dann dem Kabinett seines Nachfolgers Goh Chok Tong als Senior Minister an.

Wie bereits erwähnt, sind wir genetisch darauf ausgelegt, am besten in Gruppen von etwa 70 Personen zu funktionieren. Die Evolution hat dazu beigetragen, dass wir uns innerhalb dieser Gruppengrösse ordentlich benehmen. Doch vor über 10'000 Jahren kam der Wunsch nach Sesshaftigkeit, und unsere Gemeinschaften wurden fast schlagartig grösser. Zuerst entstanden Siedlungen mit mehreren Hundert Menschen, bald lebten über 1'000 Menschen am selben Ort.

Im Gegensatz zur nomadischen Lebensweise, bei der man nicht alles herumschleppen konnte, wurde mit der Sesshaftigkeit der Besitz nun wesentlich wichtiger. Der Erfolg der Menschen im Vergleich zu anderen Spezies beruhte auf ihrer Fähigkeit zu lernen, sich anzupassen und lösungsorientiert zu handeln. Instinktive Verhaltensweisen wurde dabei teilweise zurückgedrängt und durch zusätzliche kognitive Fähigkeiten ergänzt und erweitert.

Ich glaube, dass eine dieser erlernten Fähigkeiten darin bestand, dass «Ich» immer mehr in den Vordergrund zu stellen. Die Menschen wurden in bestimmten Handlungen selbstzentrierter und egoistischer. Damit dies nicht schon damals in Anarchie mündete – die nachweislich nie eine Lösung für harmonisches Zusammenleben darstellt – war die Etablierung einer gewissen Ordnung unerlässlich.

Die grossen alten Zivilisationen wurden fast immer von einem einzigen Herrscher regiert. In biblischen Zeiten wurden Könige und Herrscher erwähnt, und natürlich die Pharaonen. Demokratie als solche wurde erst von den Griechen vor etwa 2'450 Jahren eingeführt und von Herodot[92] erstmals erwähnt. Damals ausschliesslich mit männlicher Beteiligung, so wie

Büste von Herodot

es auch in Appenzell[93] noch bis in die 1990er-Jahre der Fall war.

Was hat dies mit der Kirche zu tun? Die zehn Gebote wurden bekanntlich von Moses empfangen und an das Volk weitergegeben. Ich bezweifle jedoch, dass die Israeliten vor der Verkündung der Gebote nicht wussten, was sich gehört und was nicht. Als die Bibel zusammengestellt wurde, musste ein Regelwerk geschaffen werden, das die Menschen darauf aufmerksam machte, dass diese Gebote von Gott

92 Demokratie kann aus dem Griechischen als «Volksherrschaft» übersetzt werden. Die erste Erwähnung bezogen auf eine Demokratie findet man von Herodot (*490/480 v.Chr.; †430/420 v.Chr.), ein antiker griechischer Geschichtsschreiber, Geograph und Völkerkundler.
93 Am 27. November 1990 gab das Bundesgericht einer Klage von Frauen aus dem Kanton Appenzell Innerrhoden Recht und so führte Appenzell IR als letzter Kanton das Stimmrecht für Frauen auf kantonaler Ebene ein.

selbst stammten und nicht bloss Erfindungen irgendeines Herrschers waren.

Die Gebote fünf bis zehn sind vor allem moralische Grundsätze für die Eltern, kein Mord und Totschlag, kein Ehebruch, kein Diebstahl, kein Lügen und keine Begierde nach fremdem Eigentum. Diese Werte sind unabhängig von Religion wichtig für ein harmonisches Zusammenleben. Die ersten vier Gebote (bei Katholiken die ersten drei) konzentrieren sich stärker auf die Beziehung des Gläubigen zu Gott: Keine anderen Götter verherrlichen, kein Bildnis Gottes machen, keine Lästerung oder Flüche aussprechen, und der Sabbat als Ruhetag zur Verehrung Gottes geniessen. Diese vier Gebote scheinen darauf ausgerichtet zu sein, den Glauben an einen einzigen Gott zu stärken und die Gemeinschaft von diesem Glauben abhängig zu machen. Es ist anzunehmen, dass die Kirche diese Gebote bewusst in dieser Weise formulierte, um bei Zuwiderhandlungen Strafen «im Namen Gottes» zu rechtfertigen.

Hatte nicht Jesus in einem der Evangelien Petrus den Auftrag gegeben, seine Kirche auf einem Felsen zu bauen? Ich bin mir bewusst, dass die überlieferten Texte unterschiedlich übersetzt und interpretiert werden können. Doch diese Worte enthalten eindeutig Symbolik. Damals existierte die Kirche weder als Gebäude noch als Institution. Vielmehr ist der Begriff «Kirche» hier im übertragenen Sinne als Gemeinschaft von Gläubigen zu verstehen, die auf dem Glauben an Jesus als den Erlöser der Menschheit gründete.

Diese Gemeinschaft hatte zwei Dimensionen: Eine geistliche und eine organisatorische. Die Kirche sollte eine lebendige Gemeinschaft sein, die sich auf den Glauben an Jesus stützt, um das Evangelium zu verbreiten. Von einem physischen Gebäude war ursprünglich nicht die Rede.

Ich finde den Gedanken der Kirche, eine Glaubensgemeinschaft zu strukturieren, überzeugend. Die römisch-katholische Kirche ist allerdings weit darüber hinausgegangen. Ähnlich wie viele machthungrige Herrscher der letzten 4'500 Jahre hat sie Machtkämpfe geführt, immensen Reichtum angehäuft und durch Kriege Blutvergiessen und Leid verursacht.

Würde man konsequent die zehn Gebote befolgen und sich an die Worte von Jesus halten, diese Grundsätze verinnerlichen und danach leben, wäre eine Institution wie die heutige Kirche vermutlich gar nicht nötig, oder?

Wegen der (fehlenden) Selbstdisziplin

Nehmen wir an, wir lebten in einer perfekten Welt: Alle Erdenbewohner respektieren und lieben sich, es gibt nur Vegetarier, keine Gewalt, keine Kriminalität, nur monogame Partnerschaften und reibungslose soziale Strukturen. Selbstdisziplin, Gerechtigkeitssinn und Harmonie dominieren, während jeder seinen Nächsten liebt. Bräuchte es in einem solchen Zustand noch eine Aufsicht? Einen Häuptling oder Chef? Wäre ein Glaube an Gott als Richter überhaupt noch notwendig? Ich bin nicht unglücklich darüber, dass diese Frage hypothetisch ist und als solche nicht beantwortet werden muss.

Vom Anfang der Bibel, bis ins dritte Kapitel des Buches Moses, wird bereits von diesem «perfekten» Zustand berichtet. Doch als Eva in den Apfel biss, war es vorbei mit der Idylle, und die Menschheit wurde aus dem Garten Eden vertrieben. Der Kampf ums Überleben begann, und Kain und Abel illustrierten, wie weit dieser gehen kann. Die Evolution hat Ähnliches vorgesehen: Der Kampf ums Überleben des Fittesten begann spätestens als die Einzeller zu Mehrzellern mutierten – wahrscheinlich sogar schon davor.

Im Laufe vieler Generationen der Weiterentwicklung und Mutation brachte die Evolution die dominanteste Spezies auf dem Planeten hervor: Den Homo Sapiens, dessen Individualismus immer ausgeprägter wurde. Dieses zunehmend egozentrische Denken verursachte vermehrt Konflikte. «Zucht und Ordnung» musste her. Bereits in der Tierwelt, lange vor dem Homo Erectus, gab es Rudelführer, sogenannte Alpha-Tiere. Diese männlichen Anführer setzten sich durch körperliche Kraft und Dominanz durch, hielten Rivalen in Schach und sicherten sich so die Fortpflanzung mit den gesündesten Weibchen. Paarung war dabei nicht nur ein Vergnügen, sondern eine Überlebensstrategie nach dem Prinzip «Survival of the Fittest»[94].

Doch wann übernahm als erstes «Alpha-Männchen» die Verantwortung für Ruhe und Ordnung als Führer einer Gruppe Menschen? Und ab wann wurde die Gruppe diszipliniert? Mit der Entwicklung der Sprache und der Verbesserung der Kommunikationsmöglichkeiten könnte sich ein besonders extrovertierter Zeitgenosse hervorgetan haben, und übernahm diese Führung. Die Aufgaben wurden von oben herab verteilt, und es ist anzunehmen, dass es schon damals nicht möglich war, es allen recht zu machen. Wie dieser Clan-Chef zu seiner Position gelangte, bleibt Spekulation – doch sicher ist, dass er seine Macht ausübte: Strategisch, politisch, psychologisch oder auf andere Weise.

---

93 Bedeutet im Sinne der Evolutionstheorie «das Überleben der am besten angepassten Individuen». Dieser Ausdruck wurde durch den britischen Sozialphilosophen Herbert Spencer (*1820; †1903) geprägt.

Die ersten rituellen Bestattungen entstanden ungefähr zur gleichen Zeit wie die Sprachentwicklung. Der Gedanke, dass die Verehrung einer übermächtigen Instanz mit der Disziplinierung der Gruppe in Verbindung stehen könnte, lässt mich nicht los. Irgendjemand musste die Anweisung für diese Zeremonien gegeben haben. Vielleicht drohte man schon damals damit, dass bei Ungehorsam die Natur sich gegen die Gruppe wenden und die Jagd entsprechend mager ausfallen würde. Seit Beginn der schriftlichen Aufzeichnungen wissen wir, dass dieser Führungsstil funktionierte – oft mithilfe mehrerer Götter oder Organisationen, die auf Disziplin achteten.

Natürlich gab es auch damals Verbrechen. Die Gründe dafür dürften den heutigen ähneln: Neid, Machtstreben, Gier oder Eifersucht. Doch warum begingen Menschen solche Taten, obwohl sie Aussicht auf ewige Verdammnis vor Augen hatten? War die Beute, die sie sich durch ihre Verbrechen erhofften, es wirklich wert, das Paradies für einige wenige Jahre irdischen Glücks aufs Spiel zu setzen? Zweifel an der Existenz eines Paradieses könnten bereits damals aufgekommen sein – vielleicht aufgrund der fehlenden genauen faktischen Beschreibung oder greifbarer Beweise. Oder reichte die Möglichkeit der späteren Beichte aus, um Sünden vergeben zu lassen?

Nochmals ein paar Worte zur Genetik: Unser Erbmaterial verändert sich nur langsam. Vom Homo Erectus bis zur ersten organisierten Gemeinschaft vergingen etwa

2,5 Millionen Jahre. In dieser Zeit lebten unsere Vorfahren in kleinen Gruppen von maximal 50 bis 70 Individuen (Sorry, ich wiederhole mich...). Es ist kaum denkbar, dass sich unsere Gene in nur 11'000 Jahren – seit wir sesshaft wurden – so verändert haben, dass wir für soziale Strukturen mit Tausenden Menschen geschaffen sind.

Der Schwabe lebt immer noch nach dem Motto «Schaffe, schaffe, Häusle baue» – allerdings oft beschränkt auf den eigenen Vorteil, den engsten Familienkreis und vielleicht eine kleine Gemeinschaft von – sie erahnen es – 50 bis 70 Personen. Auch in meiner Nachbarschaft werden Zäune gezogen, um Eigentum klar zu markieren und abzugrenzen.

Niedergeschriebene Regeln führen nur dann zum Erfolg, wenn die gesamte Bevölkerung sie befolgt. Doch es gibt immer Individuen, die die Regeln brechen und damit durchkommen. Andere nehmen sich dies zum Vorbild und verfallen ebenfalls in Versuchung. Wie konnte man diesem Phänomen vorbeugen? Indem man ein Allsehendes, Allwissendes schuf – etwas Übermenschliches, das alles sah, hörte und sogar böse Gedanken lesen konnte. Der Glaube an ein grösseres Etwas lässt sich in den frühesten Kulturen nachweisen. Und ich wiederhole: «Management by fear!»

Die irdische Führungsperson war stets nur ein Richter auf Zeit, doch der Allmächtige war der ewige Richter. Er versprach Honig und Glückseligkeit – oder Zunder und ewiges Feuer. Ich finde es beeindruckend, wie sich dieses Konzept in den Köpfen der Menschen verankert hat. Eine virtuelle Realität – ganz ohne teure Gadgets.

Der grosse Bruder

George Orwell[95] hat mit «Big Brother» in seinem Buch «1984»[96] einen totalitären Staat beschrieben, in dem die Bewohner rund um die Uhr überwacht werden. Obwohl ich seit über 12 Jahren wieder in der Schweiz lebe – also in keinem totalitären Staat – höre ich immer wieder, dass sich gewisse Mitmenschen trotzdem vom «grossen Bruder» überwacht fühlen. Dieses Gefühl entsteht vermutlich durch die zunehmende Präsenz von Überwachungskameras, die uns tatsächlich an vielen Orten verfolgen. Hinzu kommt die wachsende und oft unkontrollierte Datenflut, von der wir befürchten, dass sie gespeichert und «gegen uns» verwendet werden könnte.

Doch diese Vorstellung der Überwachung ist keineswegs neu. Schliesslich werden wir am Ende unseres Lebens an der Pforte zum Himmel gerichtet. Die gesammelten Informationen über unsere Taten werden dann ausschlaggebend für das Urteil sein. Der Glaube an Gott sollte uns also an die ständige Beobachtung gewohnt sein.

---

95 Bürgerlicher Name: Eric Arthur Blair. Englischer Schriftsteller, Essayist und Journalist (*1903; †1950)
96 Ein antiutopischer Roman von George Orwell, in dem ein totalitärer Überwachungsstaat im Jahr 1984 dargestellt wird. Erschienen 1949.

Diese «Überwachung» kann zu einem disziplinierenden Effekt führen. Videokameras in Geschäften, Banken und anderen Orten haben nachweislich einen abschreckenden Effekt. Die Angst, beim Stehlen erwischt zu werden, hält viele davon ab dies zu tun. Doch wird Kindern im 21. Jahrhundert noch beigebracht, dass Stehlen moralisch falsch ist? Eine Erklärung wie: «Der Besitzer dieses Ladens lebt von seine Verkäufen und kann sich Diebstahl nicht leisten», könnte für einige junge Menschen verständlicher sein als abstrakte moralische Appelle. Früher predigten Eltern noch Moral: «Wir sind ehrbare Menschen. Wenn wir etwas brauchen, verdienen wir das Geld dafür und kaufen es uns ehrlich», oder: «Stehlen ist gegen das achte Gebot – das macht man nicht.» Die ganz alte Schule war drastischer: «Gott sieht alles, und wenn du sündigst, kommst du nicht in den Himmel.»

Die Idee einer unsichtbaren Überwachung – quasi einer «Videokamera des Alten Testaments» – gibt es schon seit Jahrhunderten. Ein Experiment verdeutlicht dies: Kleine Kinder wurden in einen Raum mit einer geschlossenen Schachtel auf einem Tisch gebracht. Die Begleitperson erklärte, dass sie kurz den Raum verlassen würde, und bat die Kinder, nichts anzufassen und nicht in die Schachtel zu schauen. Einer Hälfte der Kinder wurde zusätzlich mitgeteilt, dass eine unsichtbare Fee im Raum sei, die über die Schachtel wache. Die andere Hälfte erhielt keine solche Information. Die Kinder, denen von der Fee erzählt wurde, liessen sich weniger von ihrer Neugier leiten und schauten seltener in die Schachtel. Die unsichtbare Fee war natürlich nicht da – doch die Vorschulkinder glaubten an sie. Je nach Versuchsdurchlauf wurden die Kinder unterschiedlich lange allein gelassen, und in manchen Fällen gewann letztlich doch die Neugier. Genau in dem Moment, als ein Kind die Schachtel öffnete, trat die Begleitperson wieder ein. Das Kind wurde beim «Spionieren» ertappt, entschuldigte sich sofort und zeigte Reue.

Die Kirche nutzt ein ähnliches Prinzip. Mit einem Beichte-und-Strafe-System, das viel Raum für Interpretation lässt, schuf sie über Jahrhunderte eine «virtuelle Videokamera». Ähnlich wie Steuerhinterziehern bei Selbstanzeige heute eine gewisse Milde gewährt wird, wurde auch den Beichtenden Nachsicht in Aussicht gestellt. Als es noch keine Geschichten über Feen gab, bewährte sich die Erzählung von einem Gott, der alles sieht und hört.

Seit einigen Jahren fürchten viele Menschen um ihre Privatsphäre. Wir verbringen täglich mehrere Stunden mit unseren Smartphones oder Computers und teilen in sozialen Medien, was wir gerade tun oder wo wir uns aufhalten. Standortdienste sowie der Zugriff auf persönliche Daten wie das Adressbuch und der Kalender sind dabei oft aktiviert. Gleichzeitig wollen wir aber nicht, dass diese Daten irgendwo gespeichert werden. Im besten Fall könnten diese Informationen genutzt werden, um unsere Vorlieben zu identifizieren und uns proaktiv mit personalisierten Angeboten über Produkte und Dienstleistungen zu versorgen. Allerdings könnten sie auch missbraucht werden, um uns Schaden zuzufügen. Die Auswertung solcher Daten könnte unangenehme oder kompromittierende Handlungen offenlegen – etwas, das wir unbedingt verhindern wollen. Deshalb kümmern wir uns intensiv um Datenschutz und versuchen, unsere Privatsphäre bestmöglich zu schützen.

Warum sind wir eigentlich so besorgt? Haben wir Angst davor, dass jemand herausfindet, dass wir uns unanständig, illegal oder unverantwortlich verhalten haben? Uns wurde doch immer versichert, dass es jemanden gibt, der über uns wacht und alles sieht, was wir tun – wo und wann auch immer. Am jüngsten Tag wird dann über unser Leben Gericht gehalten und entschieden, ob wir in den Himmel oder in die Hölle kommen. Wer an Gott glaubt, sollte sich also eigentlich keine Sorgen um den Schutz seiner persönlichen Daten machen müssen. Nichts lässt sich vor dem Allmächtigen verbergen. Er sieht, hört und riecht alles.

Selbst Bordelle haben erkannt, dass die 20 Minuten Vergnügen auf der Kreditkartenabrechnung nicht mit dem Begriff «Bordell» ausgewiesen werden sollten, Gott nimmt dieses Gebot genauso ernst wie die anderen neun – ihm ist es dabei völlig gleichgültig, welche Daten auf der Kreditkarte gespeichert sind, ob GPS aktiviert ist, Cookies akzeptiert wurden oder sämtliche Microsoft-Apps Zugriff auf unsere Daten haben. Die Daten werden so oder so «da oben» gespeichert.

Es gibt nichts, was es nicht gibt!

Eine doppelte Verneinung... somit gibt es alles, nichts ist unmöglich. Vor allem als Kind stellte ich mir vieles vor – basierend auf Märchenbüchern, deren Trickfilmen, Verfilmungen und natürlich auf Fantasiegeschichten, die wir hörten, sahen oder lasen. Im frühen Mittelalter, als Bücher als ultimative Wahrheit galten, war die Vorstellungskraft fast grenzenlos. Feen, Drachen, Zauberer – alles konnte man sich vorstellen. Auch heute ist es nicht anders, ausser dass uns dabei Hollywood, Netflix und der Disney Channel unterstützt.

Ich behaupte, dass wir ein Leben lang irgendwie «kleine Kinder» bleiben und auch als Erwachsene gewisse Träume haben. Wenn man mit Kindern – und nicht nur kleinen – über Fabel- und Märchenwesen spricht, kommt das oft mit einer grossen Überzeugung rüber. Es klingt, als wären es wirkliche Wesen, die tatsächlich existieren. Experten sagen, dass die Grenze zwischen Kopfkino und Realität oft verschwommen ist. Als ich sechs Jahre alt war, stand für mich ausser Frage, ob es den Samichlaus[97] gibt oder nicht. Meine Eltern hatten die Macht dieser Fantasiefigur voll ausgespielt und mich nach dem bereits

---

97 Der Samichlaus beglückt Kinder am 6. Dezember mit Geschenken, wenn die durchs Jahr artig waren. St. Niklaus ist einer beliebtesten Heiligen und hat mit Santa Claus, einer amerikanischen Marketing-Erfindung nichts zu tun.

mehrfach erwähnten Prinzip «Management by Fear» vor der Weihnachtszeit gemanagt – sprich, in den Griff bekommen. Da ich fest daran glaubte, dass der Samichlaus mich am 6. Dezember besuchen würde, lernte ich meinen Spruch und war artig, um einen Sack voller Mandarinen, Nüsse und Schokolade zu erhalten. Liebe Kinder, vor über einem halben Jahrhundert war das noch eine echte Belohnung!

Mir konnte damals niemand sagen, dass es den bärtigen Mann im roten Gewand nicht gibt – er war fest in meinem Kopf verankert. Mit dem Älterwerden verschwinden solche Figuren wie der Samichlaus, Feen und Prinzessinnen jedoch irgendwann, weil sie ganz einfach nicht mehr glaubwürdig sind. Aber was macht Davids Kampf gegen Goliath[98] glaubwürdiger als Harry Potters Kampf gegen Lord Voldemort[99]? Warum hält sich der Glaube an Gott so hartnäckig in uns Menschen fest?

Wir haben entschieden, was Fiktion und was Nonfiction ist. Wir haben entschieden, dass die Bibel ein Geschichts- und Lehrbuch mit realen Gegebenheiten ist, während J.K. Rowling lediglich Fantasiebücher über einen Magier-Helden schrieb. Ein gewagter Vergleich, ich weiss, aber ich finde, dass einige Hauptdarsteller im Alten Testament ebenfalls als Magier-Helden beschrieben werden könnten.

---

98 Der in der Bibel erwähnte Kampf von David gegen Goliath symbolisiert den Kampf des Kleinen gegen den Grossen.
99 Harry Potters übermächtiger Widersacher.

Versuchen Sie einem vierjährigen Mädchen zu erklären, dass es keine Feen und Engel gibt, und die Reaktion wird ähnlich sein wie die eines Gläubigen, dem Sie versuchen, Gott auszureden. Schlussendlich entscheiden wir selbst, was wir in unseren Köpfen als real akzeptieren – und was nicht.

Glauben Sie an Ausserirdische? Auch hier gibt es (noch) keine handfesten Beweise für ihre Existenz. Gerade deshalb gibt es einen grossen Spielraum für die Interpretation der vielfältigen Informationen, die von allen Seiten auf uns einprasseln. Von vermeintlichen UFO-Sichtungen bis hin zu komplexen Berechnungen über die Wahrscheinlichkeit, dass sich Leben an anderen Orten im Universum entwickelt haben könnte - wir alle verarbeiten diese Eindrücke auf unsere eigene Weise.

Die Frage nach dem «Daran glauben oder nicht» war absichtlich so gestellt. Wir entscheiden, was wir mit den erhaltenen Informationen machen. Viele interessante Gespräche und Argumentationen wurden schon über dieses Thema geführt. Filme wie «Men in Black»[100] haben uns zusätzlich mit vielfältigen Vorstellungen gefüttert, wie ausserirdisches Leben aussehen könnte. Menschen, die Schwierigkeiten haben, Fantasie und Realität zu trennen, hatten vor gut 20 Jahren sicher ein – zumindest kurzfristiges – Problem damit, dass Tommy Lee Johnes[101] und Will

---

100 Science-Fiction Komödien über Agenten, die Ausserirdische jagen. (1997, 2002, 2012)
101 Amerikanischer Schauspieler (*1946)

Smith[102] auf Alien-Jagd gingen. Aber letztlich gilt: Jeder soll glauben, was er oder sie für richtig empfindet.

Wie ich Menschen getroffen habe, die entweder an einen Gott glauben oder nicht, so bin ich auch solchen begegnet, die überzeugt sind, dass die Mondlandung inszeniert war. Es geht an dieser Stelle nicht darum, Sie mit Fakten und Beweisen zu konfrontieren, die die Mondlandung bestätigen oder dementieren. Vielmehr möchte ich darauf hinweisen, dass ein und dieselben Informationen zu komplett gegensätzlichen Ergebnissen führen können. Entscheidend ist letztlich, wem und was man Glauben schenkt – oder schenken möchte.

Die «MIB» gespielt von Tommy Lee Jones und Will Smith.

Ich persönlich könnte mit noch so vielen Informationen bombardiert werden: Wenn ich diese vornherein als unwahr abstemple, werde ich mich nicht davon überzeugen lassen und prinzipiell eine abweisende Haltung einnehmen. Allerdings wäre ich durchaus bereit, meine Meinung zu ändern - vorausgesetzt, man erläutert mir überzeugend die Vorteile, die mit einem solchen

---

102 Amerikanischer Schauspieler und Rapper (*1968)

Sinneswandel verbunden wären. Was jedoch den Glauben an die Mondlandung von dem an Gott unterscheidet: Die Mondlandung hat und wird mich persönlich nie direkt betreffen. Ob Neil Armstrong nun tatsächlich als erster Mensch Fuss auf den Mond setzte oder nicht, hat keinen direkten Einfluss auf meine Lebensführung. Beim Glauben an Gott ist das jedoch anders. Würde ich an ihn glauben, würde ich Gott in meinen Überlegungen und Handlungen in irgendeiner Form miteinbeziehen.

Querbeet:

Gedanken, die man sich so macht...

Nachdem ich die vorherigen Kapitel versucht habe zu strukturieren, folgen nun kürzere, einzelne Gedanken zum Thema Glauben.

«Selbst ist der Mann»... und die Frau!

Wir haben die Macht, uns fast alles vorzustellen. Ich wiederhole mich, aber ich glaube, dass es in unserer Macht liegt, zu entscheiden, was wir akzeptieren. Auf der einen Seite des Spektrums stellen uns Illusionisten auf die Probe, indem sie uns etwas vorgaukeln, das unmöglich und unglaublich erscheint. Am anderen Ende dieses Spektrums stehen diejenigen, die zum Beispiel die Mondlandung verleugnen. In beiden Fällen entscheidet das Gehirn, was (für uns) tatsächlich geschah. David Copperfield[103] lässt die Freiheitsstatue verschwinden oder läuft durch die Chinesische Mauer; zwölf amerikanische, weisse Männer, sollen auf dem Mond gewesen sein. Wir entscheiden, ob wir daran glauben.

Das eigentliche Durchdringen der Chinesischen Mauer durch Copperfield ist in keinem Winkel der Aufnahmen zu sehen. Er verschwindet hinter einem, von innen beleuchteten Tuch auf der einen Seite der Mauer. Der Schatten, den Copperfield auf das Tuch wirft, suggeriert, dass er sich in die Mauer hineinquetscht. Die Kamera schwenkt dann ohne Schnitt der Aufnahme auf die andere Seite der Mauer. Dort erscheint ein Schatten hinter einem

---

103 Eigentlich David Seth Kotkin (*1956), ist ein amerikanischer Zauberkünstler. Zum Beispiel liess er 1983 die Freiheits-Statue in New York «verschwinden» und 1986 «ging» er durch die chinesische Mauer.

weiteren Tuch, ähnlich demjenigen, hinter dem er soeben auf der anderen Seite verschwunden ist. Der Schatten nimmt die vollständigen Umrisse einer Person an, das Tuch fällt – und David Copperfield steht da. Wir versuchen, das zu erklären, und glauben, dass da ein Trick dahinterstecken muss. Wir applaudieren ihm dafür, dass er uns auf so perfekte Weise etwas vorgaukelt, ohne dass wir nur im Ansatz bemerken, wie er es tatsächlich gemacht hat.

Es bestehen Filmaufnahmen, Fotografien, Dokumente, gesammeltes Mondgestein und Zeugenaussagen von zwölft Astronauten und sechs Begleitpersonen. Einige versuchen diese Beweise als Humbug zu entlarven – also zu zeigen, dass es sich hier um eine Illusion der amerikanischen Machtmaschine handelt. Auch hier entscheidet jeder selbst, was er oder sie glaubt. Umfragen[104] zeigen, dass über 90% der Menschen an die insgesamt sechs Mondlandungen glauben.

Mit Gott ist es ähnlich. Der zweite Teil eines Buches beschreibt das Leben eines Mannes, der sagt, er sei der Sohn Gottes. Gelehrte haben diese Botschaft niedergeschrieben und weiterverbreitet, sodass es wenig Gegenargumente gab. Als Empfänger der Botschaft entschied man sich also, daran zu glauben. Wenn man sich dann für eine Variante entschieden hat, glaubt man meist fest daran, sich richtig entschieden zu haben.

---

104   Zum Beispiel in den USA (2019) 94% und in GB (2016) 93%

Gespräche mit Andersdenkenden können sehr interessant sein, wenn sie von Akzeptanz und Respekt geprägt sind. Fehlen diese, kommt es zu Konflikten oder sogar Kriegen. Und das alles, weil man sich etwas in den Kopf gesetzt hat. Man verteidigt die eigene Meinung gegenüber anderen Optionen.

Es kommt selten vor, dass ein Mensch etwas inszeniert und dann versucht, andere davon zu überzeugen. Warum würde man so etwas tun? Ich kann mir als Hauptgrund nur die eigene Bereicherung vorstellen: Materielle Bereicherung und Macht. Dafür muss man dem Gläubigen, das schon erwähnte Zückerchen geben – im Christentum wäre dies der Himmel, das Paradies.

Wer entscheidet schlussendlich, was richtig ist oder falsch ist? Oder, eine ähnliche Frage: Wer entscheidet - zum Beispiel - was Schönheit ist? Sind wir Menschen es? Wir haben zwar individuelle Vorstellungen davon, was wir als schön empfinden oder nicht, aber diese basieren oft auf den sogenannten Schönheitsidealen, die sich im Laufe der Zeit - auch in den vergleichsweise kurzen 60 Jahren meines Lebens - immer wieder gewandelt haben. Das Schönheitsideal einer Frau wurde beispielsweise von Hollywood immer wieder angepasst und neu definiert. Auch die zahlreichen Fashion-Designer tragen mit ihren neuen Kollektionen dazu bei, ob eine Frau den Bauch zeigen soll oder nicht, um attraktiv und schön auf ihre Umwelt zu wirken. In meiner Jugendzeit waren Tattoos eher ein Zeichen

Werk von Tinguely: Heuraka, Zürichhorn

von Rebellion, galten also nicht unbedingt als etwas Schönes. Heute werden viele Fussballer aufgrund ihrer Tätowierungen als wandelnde Kunstwerke bezeichnet. Der Marktwert bezieht sich nicht mehr nur auf das fussballerische Können eines Spielers, sondern auch auf dessen Vermarktbarkeit.

Bei Kunst ist es anders. Tinguely[105] spaltete die Meinungen, und auch nicht jeder kann mit Picassos[106]

Werk von Picsasso «Le Rêve - Der Traum» von 1932.

Werken etwas anfangen. Die Arbeiten beider Künstler kann als aussagekräftig empfunden werden und das Geld wert sein. Andere finden jeden Franken dafür auszugeben wäre einer zu viel. Ich habe sogar von älteren Leuten gehört, wie sie Picassos Werke mit Kinderzeichnungen verglichen. Die Qualität der Werke ihrer Enkelkinder stellten sie über denen vom spanischen

---

105 Jean Tinguely (1925; †1991) war ein Schweizer Maler und Bildhauer des Nouveau Réalisme. Tinguely wurde vor allem durch seine beweglichen, maschinenähnlichen Skulpturen bekannt.
106 Pablo Ruiz Picasso (*1881; †1973) war ein spanischer Maler, Grafiker und Bildhauer. Sein Gesamtwerk ist geprägt durch eine grosse Vielfalt künstlerischer Ausdrucksformen und Techniken.

Artisten. Auch hier glaube ich, dass wir es in der eigenen Hand haben, zu entscheiden, welche Werke wir als Kunst anerkennen und welche nicht.

Wie entscheiden wir, was schön ist oder woran wir glauben? Das wird immer schwieriger. Unsere Nachkommen haben eine immer grössere Auswahl an sogenannter «Kunst». Die Generation Alpha, wie die nach 2012 geborenen Erdenbewohner kategorisiert werden, informiert sich über elektronische Medien - meistens über das an der Hand klebenden Handy. Fantasie ist nicht mehr gefragt; man bekommt ja alles gezeigt und vorgeführt. Influencer sind allwissend! Grenzen zwischen Realität und virtueller Realität verschmelzen immer mehr ineinander. Oder besser gesagt: Virtualität wird zur Realität.

«Wissen ist Macht»

Meine Oma sagte immer, dass «man nie auslernt». Selbst im hohen Alter lernte sie noch dazu. Ein Beispiel: Meine Oma machte einen sehr guten Butterzopf. Sonntagsmorgens genossen wir ihn oft. Lange war es für mich irrelevant, wie dieser aussah – wichtig war, dass er gut schmeckte, und das tat er. Erst in der Kochlehre wurde mir die ästhetische Komponente der Gastronomie bewusst. «Das Auge isst zuerst», prägte mir mein Lehrmeister ein. Mir fiel auf, dass Oma beim Flechten des Zopfes ein riesiges Puff[107] anstellte. Links über rechts und dann rechts über links und so weiter kannte sie nicht. Keine Ahnung, woher ich die Geduld aufbrachte, ich brachte ihr aber mit über 70 Jahren bei, wie man es richtig macht. Es hat funktioniert, und ich bin heute noch unheimlich stolz darauf.

Omas und meine Leistung lassen sich unterschiedlich interpretieren. Erstens: Oma hatte mit dem neu erlangten Wissen die Macht, eine perfekte Züpfe zu backen. Zweitens: Ich hatte die Macht, mein Wissen weitergeben zu können.

Diese Einleitung soll zeigen, dass angeeignetes Wissen im täglichen Leben helfen kann. Wissen ist Macht...

---

107 Schweizerdeutsch für «Unordnung» / «Durcheinander»

aber geht es nicht eher ums Glauben? Genau. Früher war Wissen, was in den Büchern stand. Schliesslich hatten gebildete Leute diese geschrieben. Heutzutage muss Wissen belegt sein – ein grosser Unterschied. Früher stellte man eine Hypothese auf, schrieb diese nieder und glaubte so lange daran, bis sie widerlegt wurde. Heute muss man eine Hypothese beweisen, bevor das Wissen kommuniziert wird.

Ich nehme an, dass Galileo Galilei[108] einer der Ersten war, der das Wissen aus alten Büchern hinterfragte, die ausschliesslich auf Tradition und Autorität beruhten. Leider entsprach sein dadurch neu gewonnenes Wissen nicht dem Mainstream[109] seiner Zeit, und er musste sich vor der Inquisition[110] rechtfertigen und einige seiner Arbeiten widerrufen, da sie der Kirche nicht passten.

Galileo Galilei: Porträt von Domenico Tintoretto, ca. 1602–07

Manchmal bin ich fast froh, dass noch nicht alles bewiesen ist. Wie viele Dimensionen gibt es wirklich? Gibt es Paralleluniversen? Sind wir allein im Universums? Auf viele

---

108 Galileo Galilei (*1564; †1641) war ein italienischer Universalgelehrter
108 Zu Deutsch «Hauptströmung», spiegelt den kulturellen Geschmack einer grossen Mehrheit wider.
110 Inquisition, zu Deutsch «Untersuchung», wird die kirchliche Institution bezeichnet, die im Mittelalter eingesetzt wurde, um Widersprüche zu kirchlich-religiösen Glaubensgrundsätzen zu bekämpfen.

Fragen gibt es noch keine Antworten – ausser, man hat diese schon in den eigenen Gedanken zusammengezimmert.

Stellen wir uns vor, dass wir Besuch von friedlich gesinnten Ausserirdischen erhalten, viele Menschen behaupten, dass sie schon welche gesehen haben. Dass das Zusammenspiel von Augen, Sehnerv und Gehirn nicht immer optimal funktioniert, wird hierbei ignoriert. Diejenigen, die behaupten, schon ein UFO oder Ausserirdische gesehen haben wollen, sind davon überzeugt, dass sie diese gesehen haben. Genauso bei Sichtungen von verschiedenen Heiligen. Fertig schluss...

Ist Glauben an Gott nun Realität?

Die Antwort auf diese Frage ist im Kontext dieses Buches eigentlich überflüssig. Klar gibt es Gott - man muss einfach an ihn glauben! Je intensiver man sich mit einem Thema beschäftigt, desto tiefer ist dieser Glaube daran. Ob dies Ausserirdische, Nessie[111] oder Gott ist, spielt keine Rolle. Man wartet auf Zeichen der Bestätigung und findet diese oft, wenn man lange genug auf sie wartet. Der Lichtkegel am Himmel, verursacht durch ein UFO, der dunkle Schatten des Ungeheuers im Loch Ness oder ein Zeichen von Gott. Immer wieder will man wahrhaben, dass es Beweise für dasjenige gibt, woran man glaubt. Man bewegt sich auch meistens in einem Umfeld mit ähnlichen Interessen und tauscht sich darüber aus. So wird der Glaube gestärkt und zur Realität. Auch für diejenigen, die keine direkte, persönliche Berührung mit dem Gegenstand ihres Glaubens haben oder es nicht am eigenen Leib erfahren durften.

Denn, wie in einem vorherigen Kapitel angedeutet, sind gewisse Erklärungen von Mitmenschen, denen man im Allgemeinen vertraut, so glaubwürdig, dass man ohne Beweise einfach mitmacht. Wenn etwas als Realität gilt,

---

111 So wird das Seeungeheuer genannt, das angeblich im Loch Ness, einem Schottischen See gesichtet wurde.

existiert es auch de facto. Zusammenfassend lässt sich sagen, dass Realität auch etwas Subjektives sein kann.

Oft versucht man, andere von seinem Glauben – oder der eigenen Realität zu überzeugen. Auch Juden und Muslime glauben an einen Gott, doch die Erwartungen an die Gläubigen unterscheiden sich. Somit existiert nicht nur Gott als solcher, sondern auch der Glaube an das, was er uns mitteilt. Ebenfalls gibt es unterschiedliche Meinungen darüber, auf welche Weise er uns seine Botschaften zukommen lässt.

Ein Muslim glaubt beispielsweise, dass der Prophet Mohammed das Wort Gottes direkt von ihm empfangen und unmittelbar niedergeschrieben wurde – eine recht zeitlose Ansammlung von Verhaltensregeln, die, wie ich meine, im siebten Jahrhundert durchaus ihre Berechtigung und Richtigkeit hatten. Leider haben es verschiedene Menschen immer wieder geschafft, zwischen den Zeilen dieses niedergeschriebenen Textes nach eigenem Gutdünken etwas zu erkennen und zu interpretieren. Auch Religionsführer, die nach dem Propheten oder den Kalifen folgten, wurden entweder akzeptiert oder eben nicht. So existieren zum Beispiel zwischen Sunniten und Schiiten oder Katholiken und Protestanten verschiedene Auffassungen darüber, was, wie und wann getan werden muss, um «das geschriebene Wort Gottes» mit bestem Gewissen umzusetzen.

Die Grenzen, wie man seinen Glauben ausleben darf, werden immer wieder neu gesetzt. Die Bandbreite zwischen Fundamentalisten und liberal denkenden Gläubigen wird immer grösser. Da ich überzeugt davon bin, dass der Glaube eines Menschen seiner individuellen Realität entspricht oder zumindest entsprechen kann, gibt es auch unter ursprünglich Gleichgesinnten grössere Differenzen. Könnte dies der Grund dafür sein, dass, wenn verschiedene Realitäten aufeinandertreffen, diese Differenzen zu gross sind, um ein friedliches Leben Miteinander oder Nebeneinander zu führen? Ich nehme es an. Wenn man glaubt, dass es nur einen Gott gibt und dies sogar bis zum Tod verteidigt, wird das wohl so sein. Wenn Gläubige tolerant sind und akzeptieren, dass es auch andere Meinungen gibt, können sie dennoch annehmen, dass ihr eigener Glaube der «wahren» Realität entspricht, während die anderen «falsch» glauben.

Leben und leben lassen. Warum viele Menschen eine fehlende Akzeptanz dafür haben, dass andere Personen anders denken und glauben können, bleibt mir ein Rätsel. Als Eltern akzeptieren wir, dass unsere Kinder in einer Realität mit Märchenfiguren leben, weil sie an Zauberer, Feen, Drachen und verwunschene Frösche glauben. Warum können gewisse Erwachsene einander nicht in Ruhe lassen, wenn aus dem Kind ein Erwachsener geworden ist und sich in dessen Kopf Vorstellungen und Überzeugungen anders abspielen als in ihrem eigenen?

Ich war oft in Gegenden, wo es nicht allen Menschen der Bevölkerung gut ging. Oft hatten diese Menschen wenig, lebten am Existenzminimum und hatten einen Job, manchmal sogar mehrere, um die Familie irgendwie durchzubringen. Wenn der Job verloren ging oder ein Familienmitglied krank wurde, hing dies immer mit dem Verzicht auf etwas Gehabtes zusammen. Aber der Glaube an Gott bleibt. Die Hoffnung auf Besserung war immer da und mit dem Glauben verbunden.

Ich hatte diese Verbindung lange nicht gesehen. Als selbsternannter Realist war meine Festplatte – ich meine natürlich mein Gehirn – mit einer Software namens «Realitätscheck» ausgestattet. Wenn Personen in meinem Umfeld überoptimistisch waren und an etwas (aus meiner Sicht) Verrücktes glaubten, dass ich nicht nachvollziehen konnte, versuchte ich, sie immer auf den sogenannten Boden der Realität zurückzubringen. Dabei ging es zum Beispiel darum, finanziellen Schaden von der Firma abzuwenden. Wenn jedoch jemand in seiner subjektiven Realität einen Gott hat, der von meiner vielleicht sogar nicht vorhandenen religiösen Überzeugung unterscheidet, sollte dies doch eigentlich keine Gefahr für Mitmenschen oder die Wirtschaft darstellen. Ahmed geht zum Gebet in die Moschee, Josef in die Kirche und Jehoschua besucht die Synagoge.

Die Rolle Gottes in der Zukunft?

«Wann beginnt die Zukunft?» Gestern Abend war heute Morgen noch Zukunft, und nun ist heute Morgen Vergangenheit. Meine Gedanken zur Zukunft lassen viele Interpretationen darüber zu, wann die Zukunft begonnen hat, oder beginnen wird, und wie die Reise mit Gott weitergeht und wo sie allenfalls hinführt. Auf jeden Fall wird dieses Buch im Nachgang zu meinen Überlegungen über die Zukunft gelesen - also in der Vergangenheit.

Mit dem immer schneller werdenden Fluss und Konsum von Informationen darf man eigentlich annehmen, dass die Menschheit als Kollektiv immer intelligenter wird. Basierend auf den letzten drei amerikanischen Präsidentschaftswahlen[112] zweifle ich allerdings daran. Das Hinterfragen und Prüfen von sogenannten Fakten, das Erweitern von wissenschaftlichen Erkenntnissen und Theorien sollte somit eigentlich schneller und detaillierter voranschreiten. Haben Religionen, die doch zumeist auf Hypothesen basieren, in einer solchen, zunehmend faktenorientierten Zukunft überhaupt noch eine Chance? Werden die traditionellen Religionen langsam verschwinden

---

112 Jahre 2016, 2020 & 2024, mit jeweiliger Beteiligung von Donald Trump, zweifacher amerikanischer Präsident.

oder durch etwas anderes ersetzt? Schliesslich wollen viele von uns heutzutage alles belegt haben.

Der Titel dieses Kapitels könnte für viele Leser, die es bis hierhin geschafft haben, recht provokativ wirken. Wie kann ein einzelner Mensch, eine Gruppe Menschen oder gar die gesamte Menschheit die Rolle von etwas «out of this world»[113] übernehmen? Auch zu diesem Thema habe ich mir Gedanken gemacht. Meine Überzeugungen dazu sind einfach: «Was lassen wir in unseren Köpfen in Zukunft zu?»

Ich muss nochmals ein paar Jahrtausende in die Vergangenheit gehen. Vor langer Zeit verkündete jemand, dass es nur einen Gott gibt. Er habe dessen Wort Gottes vernommen und wollte es verbreiten. Ob Abraham der Erste war, ist unklar. Aber irgendjemand lehrte, dass es einen Gott gibt, dessen Wort und seinen Anweisungen wir Folge leisten müssen und diese nicht zu hinterfragen seien – den Rest kennen wir ja mittlerweile aus dem Religionsunterricht. Oder etwa nicht? Wie viele Menschen, die im damaligen Einflussgebiet von Abraham lebten, tatsächlich an die Geschichte dieses einzigen Gottes glaubten, werden wir wohl nie genau wissen. Die Menschen, die das Wort Gottes verbreiteten oder verbreiten sollten, nannten sich fortan Propheten und beanspruchten einen «Direktdraht» zu diesem Gott. Sie waren sozusagen das Sprachrohr ihres Gottes.

---

113 Oft verwendeter Ausdruck, um Aussergewöhnliches zu beschreiben. Wörtlich übersetzt: «Nicht von dieser Welt».

Beweise für Gottes Macht und Allwissenheit, die heute einem kritisch denkenden Menschen eher unwahrscheinlich vorkommen, wurden gemäss damaligen Berichten und Schriften angeblich auch geliefert. Also glaubte man, dass Abraham nicht eigenmächtig handelte, sondern im Namen eines Allmächtigen. Ich glaube, dass das Ziel schon damals darin bestand, eine gewisse Machtstellung zu untermauern und Ordnung in der unmittelbaren Umgebung herzustellen.

Mit dem Beherrschen der Schrift konnte man glücklicherweise einige Vorkommnisse im Zusammenhang mit Gott oder den Göttern auch schriftlich festhalten. Wie bereits erwähnt, wird angenommen, dass diese Schriften meistens nicht von Augenzeugen verfasst wurden, sondern leider oft erst viele Jahre später aus zweiter und dritter Hand entstanden sind. Trotzdem sammelte sich im Laufe der Zeit einiges an Geschriebenem an. Wie die Bibel zusammengestellt wurde, habe ich bereits früher in diesem Buch erläutert. Die Bibel wurde von Menschen kopiert, in verschiedene Sprachen übersetzt und auf der Grundlage dieser Texte gepredigt. Man wollte und will diese Nachricht Gottes und den Glauben an ihn in die ganze Welt hinaus missionieren.

Unterstützung erhielt diese Bewegung schon einige Jahre zuvor durch den Mann, dem nachsagt wurde, dass er der Sohn Gottes sei. Weil dieser, wie wir, aus Fleisch und

Blut war, musste man ihn natürlich Wunder wirken lassen, um seinen göttlichen Ursprung zu beweisen. Es ging so weit, dass Menschen, die nicht an diesen einen Gott glaubten, als Ungläubige abgestempelt und bekämpft wurden. Dabei bildete sich eine Organisation, aufgebaut und etabliert, die den Begriff «organisiert» wirklich verdient – die Kirche.

Dabei hatte alles recht harmlos begonnen, als Jesus seinen Jünger Petrus beauftragte, sein Wort als Lehre in der Welt zu verbreiten. Jesus merkte anscheinend auch an, dass er dafür eine Kirche auf einem Felsen errichten sollte, unbezwingbar von anderen Mächten. Je nach Übersetzung und Interpretation dieser Anweisung wurde diese Kirche mit teils sehr viel Blutvergiessen entsprechend beschützt. Erst 300 Jahre später wurde die Lehre, die Petrus verbreitete, im römischen Reich als legale Religion anerkannt. Vor dieser Zeit wurde sie nur geduldet. Der römische Kaiser Nero[114] machte da jedoch eine recht grosse Ausnahme, was Petrus[115] dann auch auf wahrscheinlich brutalste Weise zu spüren bekam. Ob seine Gebeine wirklich unter dem Petersdom vergraben liegen, weiss man heute nicht genau. Wer daran glauben will, darf dies aber gerne tun – passt ja zu den vielen Märtyrer-Geschichten, an die geglaubt werden.

---

114 Nero Claudius Caesar Augustus Germanicus (*37; †68) war von 54 bis 68 Kaiser des römischen Reiches. Während seiner Regierungszeit ereignete sich «der grosse Brand von Rom». Nero machte die Christen dafür verantwortlich und die darauffolgende Phase der Christenverfolgung verlieh ihm den Ruf als Tyrannenkaiser.
115 Schriften deuten auf einen gewaltsamen Tod von Petrus. Typische Motive judenchristlicher Märtyrertheologie werden dabei beschrieben. Der Zeitpunkt des Todes wird auf die Jahre der Christenverfolgung festgelegt.

Warum diese Erläuterungen zur Vergangenheit, wenn ich einleitend gesagt habe, dass ich in diesem Kapitel über die Zukunft schreiben will? Ganz einfach: Meiner Meinung nach hat der Mensch schon lange die Rolle Gottes übernommen. Menschen - individuell oder in Gruppen - haben die Geschichte unseres Planeten bestimmt. Gewisse Menschen oder Gruppierungen von Menschen haben uns eingetrichtert, was wir glauben sollen. Ebenso überzeugen Oberhäupter vieler kleineren Glaubensrichtungen ihre Gläubiger. Ich bin überzeugt, dass die Grösse der Glaubensgemeinschaft von Macht und Geld abhängt. Je mehr von beidem vorhanden ist, umso globaler konnte und kann man sich durchsetzen. Die Kirche hat ohne Gläubiger keine Macht und sowieso kein Geld.

Der Kirche ist es über viele Jahrhunderte gut gelungen diese Macht mit Hilfe der nötigen Geldmittel aufzubauen. Man machte Könige und Kaiser von der Kirche abhängig, führte ein Steuersystem ein und sorgte für seine Verbündeten. Mit der Reformation fing dieses ausgeklügelte System jedoch an, ein wenig zu bröckeln, und die Kirche musste sich entsprechend dagegen wehren. Die «Eroberung» der neuen Welt, die man mit viel Gewalt überraschend schnell missionieren konnte, half der Kirche vor allem, um finanzielle Engpässe, die durch die Reformation entstanden waren, zu eliminieren.

Dem chinesischen Staatsmann Mao Zedong[116] wird vorgeworfen, dass er in China, um eine neue Welt zu schaffen, beorderte, die Alte zuerst zu vernichten. Die Spanier und Portugiesen wussten schon 450 Jahre vor Mao, wie dies in der Praxis umgesetzt werden kann. Mehrere süd- und zentralamerikanische Kulturen wurden so in ein paar wenigen Jahrzehnten vernichtet. Um die Bibel zu predigen und als einziges legitimes Buch zu proklamieren, wurden beispielsweise praktisch alle Maya-Bücher vernichtet. Mit dem gestohlenen Gold konnte man die Könige zu Hause in Spanien und Portugal zufriedenstellen, die sich wiederum der Kirche gegenüber erkenntlich zeigten. Ob und wie die Christianisierung von Süd- und Mittelamerika umgesetzt wurde, haben meines Wissens nach ausschliesslich Menschen entschieden.

Gottes Wort wurde als Vorwand für diese Taten genutzt. Die Bibel so zu interpretieren, dass sie solche Raubzüge durch «heidnische» Gegenden rechtfertigt, finde ich nicht sehr christlich. Ich kann mir nicht vorstellen, dass ein Gott, so wie er von Jesus geschildert wurde, so etwas zugelassen hätte. Aber Menschen, die das entschieden haben, sind jetzt alle im Himmel, weil sie im Namen Gottes gekämpft haben und aus ungläubigen Menschen Gläubige gemacht haben – so wurde es zumindest versprochen.

---

116 Mao Zedong (*1893; †1976) gehörte 1921 zu den Mitbegründern der Kommunistischen Partei, führte die Kommunisten im Chinesischen Bürgerkrieg und festigte seine Macht auf dem «Langen Marsch». Er wurde 1943 Vorsitzender des Zentralkomitees der KP Chinas, rief 1949 die Volksrepublik China aus und verkündete 1954 die erste Verfassung der Volksrepublik China, deren erster Staatspräsident er wurde.

Um zum Thema dieses Kapitels zurückzukehren und damit auch zum Punkt, den ich eigentlich aufzeigen wollte: Ein paar mächtige Menschen haben die Rolle Gottes schon vor einer ganzen Weile übernommen. In unseren Köpfen wurden und werden jedoch teils ganz andere Geschichten eingraviert, sodass Aussagen wie die meinige kein Gewicht haben. Ausserdem bin ich keine jahrtausendealte Institution mit immer noch grosser Glaubwürdigkeit. Glaube und Würde im selben Wort – und dies im Zusammenhang mit der Kirche – WOW!

Ich glaube, dass sich die Machtverhältnisse ändern werden. Auch hier hat für mich die Zukunft schon begonnen, und was jetzt kommen mag, entstammt nicht der Feder eines Verschwörungstheoretikers. Die Religionen, so wie wir sie heute einordnen und benennen, werden sich meiner Meinung nach nicht allzu stark verändern. Christentum, Islam, Hinduismus und so weiter wird es auch in Zukunft immer noch geben. Es sind die Machtverhältnisse, die sich ändern werden.

Informationen sind heutzutage gleichbedeutend mit Macht und gehen als Folge davon oft mit viel Geld einher. Je mehr Informationen eine Person besitzt, desto grösser ist ihr potenzieller Reichtum. Wer die bereits vorhandenen Werkzeuge der künstlichen Intelligenz beherrscht und diese darüber hinaus mit ausgewählten Informationen füttern und auswerten kann, wird die Weltherrschaft übernehmen.

Somit wird dieser Mensch, diese Gruppe von Menschen oder Institution in Zukunft das Sagen haben und uns allen zeigen, wo es langgehen wird. Die Führungskräfte von Google und Co. hätten es theoretisch schon heute in der Hand, die Welt komplett in den Griff zu bekommen und nach ihren Idealen zu lenken.

Kurze Ausschweifung: In der «alten» Welt hat meistens der Kaiser, der König oder der Priester gesagt, wie, was, warum, wie viel und wie lange etwas gemacht wird. Diese Autoritäten wussten, was für uns «Pöbel» gut und richtig war. Wir, das einfache Volk, erhielten die nötigsten Informationen und lebten meist – mit wenigen Ausnahmen – in Gehorsam. Logisch, es gab immer wieder Rebellen, die sogar als Helden gefeiert wurden, aber wirklich viele trauten sich nicht, gegen den Mainstream zu kämpfen. Heute erhalten wir immer noch dieselben Anweisungen von respektierten Glaubenslehrern, und die Gesetze, an die wir uns alle halten müssen, werden von den Regierungen angekündigt und umgesetzt. Das Ganze wird jedoch immer mehr von einem zusätzlichen, neuen Informationsfluss übertönt: Von der unendlichen Menge an Informationen, die auf digitalem Weg verbreitet werden.

Das Internet - oder besser gesagt, die Algorithmen, die hinter den Kulissen stehen - sagt uns neuerdings, was für uns gut und richtig ist. Das Sammeln von Daten und vor allem auch die Datendiebstähle beweisen, dass Informationen, egal welcher Art, immer wertvoller werden.

Warum sonst würde man Geld ausgeben, um Anwender- und Konsumentendaten zu speichern, an Auktionen zu versteigern oder mit endlosem Durchhaltevermögen gegen Datenschutzgesetze anzukämpfen und Schlupflöcher zu suchen? Google, Microsoft und Meta hätten übrigens schon heute genug sensible Daten über fast jeden von uns in ihren Rechenzentren, um uns jegliche Entscheidungen abzunehmen. Analysen unserer E-Mail-Korrespondenzen, unserer täglichen Suchvorgänge auf verschiedenen Geräten, unseres Verhaltens in den sozialen Medien und unserer Aufenthaltsorte kann die künstliche Intelligenz in kürzester Zeit auswerten und uns emotionslos die «beste» Lösung präsentieren.

Alle Partner-Such-Applikationen, wie wir sie heute kennen, wären dann nicht mehr zeitgemäss. Der perfekte Match für jeden Menschen, der aktiv mit einem Smartphone unterwegs ist – oder besser noch, sich überall mit seinem Google-Konto einloggt und mindestens einen Chat sowie ein Konto auf einem der sozialen Netzwerke eingerichtet hat – wäre automatisch vordefiniert. Übrigens, diejenigen, die es nicht wahrhaben wollen: Zum Zeitpunkt, als dieses Kapitel geschrieben wurde, gehörten Facebook, Instagram und WhatsApp dem ein und selben (Zucker-)Mann. Ausserdem gibt es praktisch niemanden mehr mit einem digitalen Gerät, das ohne Microsoft auskommt und nicht in irgendeiner Suchmaschine stöbert. Und wenn wir uns im Internet umsehen, wo es in die Ferien gehen könnte oder welche Ausflüge wir unternehmen möchten, schauen Microsoft,

Android (Google), Yahoo und Apple garantiert nicht weg! Ist es Zufall, dass, nach der Hotelsuche in Bangkok auf Booking.com ich anschliessend Werbung für Thailand auf meiner Yahoo Startseite sehe?

Zurück zum Thema: Die Menschen, die diese Informationsflut beherrschen, werden in Zukunft auch die Welt beherrschen – und dies, ohne dass wir es merken. Wir können bald nicht mehr auseinanderhalten, was real und was vorgespielt ist. Die Vorgaben für allgemeine Werte werden angepasst und uns häppchenweise oder in Massen eingeflösst. Unsere Erwartungshaltungen und das Konsumverhalten werden sich verändern damit wir die Produkte und Dienstleistungen dieser «Wirtschafts-Führer» auch entsprechend konsumieren. Ob die verschiedenen Glaubensführer diesen neuen Machthaber beeinflussen können, wird wohl davon abhängen, wie wichtig Silicon Valley das Christentum, der Islam, der Hinduismus und die anderen Religionen erachtet.

Vor rund 2'000 Jahren hatte Jesus zu Beginn der öffentlichen Verkündung seiner neuen Idee 12 Follower. 12 Menschen, die einem Mann und seiner Idee folgten und diese «likten». Durch unermüdlichen Willen und Durchhaltevermögen wurde diese Idee von diesem Mann in die Welt getragen und von immer mehr Personen «ge-liked». Dasselbe geschah knapp 700 Jahre später in den Anfängen des Islams. Ohne IT-Support wurden so bis ins 21.

Jahrhundert zusammen weit über 4 Milliarden Follower von diesen beiden Ideen überzeugt.

Nun aber zur «modernen» Zeit: Der Papst hat beispielsweise 18 Millionen Follower[117] auf Twitter und 7 Millionen auf Instagram. Ähnlich sieht es bei Roger Federer aus. Man könnte somit meinen, dass sich die digital verknüpfte Bevölkerung in etwa gleich viel für den Führer der grössten Weltreligion wie für einen Tennisspieler im Ruhestand interessiert. Jetzt kommt der «Hammer»: Cristiano Ronaldo (CR7)[118] hat allein auf Instagram über 600 Millionen Follower. Man interessiert sich um ein Vielfaches mehr dafür, was ein Fussballspieler verkündet und posted, als für den Papst und die Kirche. Auch Nicht-Fussballfans und -kenner haben sicher schon von Cristiano Ronaldo gehört. Gilt das ebenfalls für Selena Gomez[119]? Selena, wer? Die singt, tanzt, schauspielert und «influenzt» sich hauptsächlich durch Amerika – und 400 Millionen Menschen folgen ihr dabei auf Instagram!

Zusammenfassend muss ich gestehen, dass ich nicht weiss, wie genau es mit Gott weitergehen wird. Im Verlauf dieses Buches habe ich einige Szenarien in den Raum gestellt, die durchaus möglich wären. Ich bin mir aber sicher: Wer in Zukunft den Informationsfluss lenken kann, wird auch bestimmen, welche Informationen fliessen –

---

117 Stand 2024.
118 Cristiano Ronaldo dos Santos Aveiro (*1985) ist ein portugiesischer Fussballspieler.
119 Selena Marie Gomez (*1992) ist eine amerikanische Schauspielerin, Sängerin und Model.

Logisch, oder? Die Grossen im globalen Geschäft werden immer grösser werden und das Sagen haben. Ich habe das Gefühl, dass dies sehr undemokratisch werden könnte. Das kritische Hinterfragen des Konsumguts «Information» wird immer wichtiger. Wir müssen auch in Zukunft den Kopf einschalten, um zu filtern, was wir glauben wollen – und woran.

Alles klar?

Blöde Frage, muss es gar nicht. Wenn Sie es mit dem Lesen bis hierhin geschafft haben, muss bei Ihnen nicht alles klar sein. Wie ich, haben auch Sie sich eine Meinung über Gott und die Welt gemacht. Ich habe meine Version ganz einfach mit Ihnen geteilt, geschmückt mit Erlebnissen, die ich machen durfte. Ich hoffe, dass die Anekdoten, die ich in diesem Buch erzählt habe, im jeweiligen Kontext gut rüberkamen.

Ich möchte hier nun aber keine grosse Zusammenfassung schreiben und diese lieber Ihren eigenen Gedanken überlassen.

Ganz einfach, es geht um Toleranz und Akzeptanz: Wenn sich «Fussballfans» vor und in den Stadien (regelmässig) verprügeln, ist dies wohl ein erstes Indiz dafür, dass es beim Thema Fussball und den verschiedenen Vereinen manchmal an der nötigen Toleranz und Akzeptanz mangelt. Wie ist es bei den Glaubensfragen? Ich glaube, die sozialen Medien werden die Intoleranz gegenüber Menschen, die anders denken oder an etwas anderes glauben, weiter ankurbeln. Die Spaltung zwischen den verschiedenen

Interessens- und Glaubensgemeinschaften wird grösser werden.

Wenn ich jemanden geschäftlich treffe, frage ich diesen Menschen nicht zuerst für welchen Sport er sich interessiert, welche Art Musik er am liebsten hört und welches sein Lieblingsgericht ist. Das kommt später, bei einem sozialen Treffen: In welches Stadion, zu welchem Konzert oder in welches Restaurant soll es gehen? Kommen wir bei unseren Vorlieben auf einen Nenner, wird das mit einem unterhaltsamen Abend wohl etwas werden. Wenn nicht, werden wir sozial weiterhin getrennte Wege gehen. Jeder wird die Wahl seines Gegenübers respektieren und die Beziehung wird rein geschäftlicher Natur bleiben.

Anscheinend ist es bei Glaubensfragen nicht so einfach. Ob die gegenüberstehende Person Muslim, Christ oder Jude ist, könnte – wie in den verschiedenen Anekdoten und Beispielen gesehen – von entscheidender Bedeutung sein. Faktisch, je fester man an eine Religion glaubt, umso schwieriger wird es anscheinend zu akzeptieren, dass derjenige mit dem man sich unterhält, anders glaubt. Warum kann man einander nicht einfach in Ruhe lassen, wenn man bei Glaubensfragen nicht auf denselben Nenner kommt?

Ich glaube, dass Glaube in unseren Köpfen «geglaubt» wird. Punkt. Salopp gesagt, reden wir uns etwas Fiktives ein – oder es wird uns eingeredet – bis wir glauben, dass es

Realität ist. Ich bin der Meinung, dass die meisten Probleme im Kopf kreiert werden. So könnte man doch meinen, dass diese auch im Kopf gelöst werden können. Es wird jedoch schwierig, einem überzeugten Christen plausibel zu machen, dass die Bibel «nur ein Geschichtsbuch» ist, oder einem tiefgläubigen Muslim, dass der Koran eine «Aufzählung von gut gemeinten Verhaltensregeln» ist.

Ich glaube, dass das Konzept Gott eine gute Sache ist und vielen Menschen halt gibt. Mit einem Glauben an Gott wird es zum Beispiel einfacher, unsere Vergänglichkeit zu akzeptieren. Trost, Hoffnung und Zusammengehörigkeit sind ebenfalls gute Attribute, die zu einem Glauben an Gott gehören.

Das Konstrukt der 10 Gebote ist, so finde ich, auch keine schlechte Sache. Wahrscheinlich war es auch gut, dass man damit in der Periode vor unserer Zeitrechnung bis ins letzte Jahrhundert damit eine gewisse Ordnung herstellen konnte. Auch als sogenannter Nicht-Gläubiger lebe ich nach den Geboten fünf bis zehn.

Jeder Gläubige kann, darf, sollte das, was er glaubt, für sich oder in einer Gemeinschaft zelebrieren können. Nur der Homo Sapiens besitzt die Fähigkeit, sich Fantasiebilder zu kreieren. Nutzen wir diese Fähigkeit doch zu unserem Vorteil und lassen wir jeden Menschen seine eigene Bilderwelt kreieren und lassen wir ihn damit in Ruhe.

Schliesslich findet der Glaube jedes einzelnen Menschen in seinem oder ihrem eigenen Kopf statt.

Zum Autor

Urs Weisskopf wurde 1964 als erstes von zwei Kindern im Berner Oberland geboren. In durchschnittlichen sozialen Verhältnissen verbrachte er eine unbeschwerte Kindheit und wünschte sich bereits in der fünften Klasse, einmal ein (grosser) Chef zu werden. Nach Abschluss der obligatorischen neun Schuljahre verbrachte er ein Jahr am Fusse des Lac Léman, um die kulinarische (französische) Sprache zu erlernen und sich in einer Metzgerei auf das (harte) Berufsleben vorzubereiten. Die darauffolgende Kochlehre schloss er nach drei Jahren erfolgreich ab, und als 20-Jähriger stand die Wehrpflicht an, die er ohne jegliche Euphorie über sich ergehen liess. Anschliessend arbeitete er weitere viereinhalb Jahre in der französischsprachigen Schweiz, wo er seine kulinarischen Kenntnisse in 4- und 5-Sterne-Hotels weiter verfeinerte.

1989 erhielt er die Zusage auf eine Bewerbung als Sous Chef in China, eine Herausforderung, die er unverzüglich annahm. Mit kurzem Unterbruch arbeitete Urs bis ins Jahr 1999 in verschiedenen Küchen in China, Malaysia, Vietnam und Pakistan. Nach einer Weiterbildung entschied er sich für einen Wechsel ins Hotelmanagement und führte Hotels in Indonesien, Malaysia, Kuwait und ab 2012 auch in der Schweiz. Aus verschiedenen Gründen verliess Urs im Jahr 2014, nach 30 Jahren, seine geliebte Hotellerie und wechselte zu einer renommierten Schweizer Catering-Firma.

Nach einer gescheiterten ersten Ehe lernte Urs Ende 2000 in Jakarta Audrey kennen. Audrey stammte aus der Provinz Nord-Sulawesi, wo sie protestantisch erzogen wurde und die Religion ein wichtiger Bestandteil des täglichen Lebens war. Urs respektierte dies und nahm gelegentlich brav an Kirchgängen teil. Religion war jedoch kein zentrales Thema in ihrer Beziehung – bis Audrey 2018 eine unheilbare Krebsdiagnose erhielt. In ihrem Glauben fand sie Halt, um diese schwierige Zeit zu meistern. Nach fast dreijährigem Kampf schlief sie dann friedlich und für immer ein.

Urs ist Vater von zwei Kindern aus seiner ersten Ehe und hat ein weiteres Kind zusammen mit Audrey. Inzwischen ist er auch stolzer Grossvater.